失敗事例から学ぶ!

中小企業診断士の独立開業のリアル

中小企業診断士
日沖 健 著

はじめに

診断士の独立開業が増えている

各種ランキングで社会人の人気ナンバーワンの資格である中小企業診断士（以下「診断士」）。いま、診断士の資格取得を目指す社会人が増えています。

少し前まで、診断士は「会社員の箔付けのための資格」と言われました。会社員、とくに中間管理職が経営について勉強し、知識レベルを確認・証明するために受験しました。合格したら「目標達成」で、それ以降は診断士としては活動しないのが普通でした。

ところが最近、資格取得で終わらず、独立開業して小規模会社や個人事業でコンサルタントとして活動する診断士（以下「プロコン」）が増えています。「この厳しいご時世に独立開業するって、正気なの？」「増えているって本当なの？」と思われるかもしれませんが、嘘ではありません。

私の下には、毎月のように、企業に勤務する診断士（以下「企業内診断士」）から独立開業にあたっての相談や独立開業したプロコンから挨拶・報告が来ています。私の周辺だけではありません。診断士を対象にした独立開業セミナーが全国各地で開催されており、たいてい満席大盛況です。

こうしたセミナー、あるいはＳＮＳや出版物では、すでに独立開業した先輩診断士が、自身の活動を紹介しています。とりわけ「私のコンサルティングで倒産の危機にあったクライアントを救った」「独立開業して3年で売上高1億円を突破」といった成功体験談をよく目にします。

こうした成功体験談を読むと、「俺も診断士を取ろう」「一度しかない人生、挑戦してみよう」「自分のスキル・経験なら、プロコンとしてやっていけそうだ」という気になります。

●独立開業のリアルを知りたい

ただし、全体で見ると、成功者は少数派です。診断士がプロコンとして成功するのは、容易なことではありません。

考えてみてください。読者の皆さんが会社を経営しているとして、見ず知らずの診断士から「私のコンサルティングで御社の問題を解決しませんか？」と言われたら、どう対応しますか？すぐに解決したい深刻な問題があるとしても、その診断士を「胡散臭いヤツ」と追い払うのではないでしょうか。

経営者、とくに中小企業のオーナー経営者にとって、会社は自分そのもので、会社の問題点は「身内の恥」「自分の不始末」「身から出た錆」です。これを部外者に相談するのは、抵抗感があります。相手が診断士という国家資格を持っているといっても、豊富なビジネス経験があるとしても、金を払って相談しようという気にはなりません。

診断士がコンサルティングという目に見えないサービスを売り、事業として成功するというのは、難しいことです。そのため、独立開業した診断士の大半が、前職の収入を下回り、商業的には失敗しています（「商業的には」という意味は、後ほど説明します）。

「身内の恥」「自分の不始末」「身から出た錆」を他人に晒したくないという気持ちは、診断士の側も同じです。診断士は、成功体験は嬉々として聞かれなくても語りますが、失敗体験は隠そうとします。診断士の「独立開業のリアル」は謎に包まれています。

安定した会社員の立場を捨てて独立開業するなら、是非とも成功したいところです。どんなビジネスでも成功するには、そのビジネスのリアルな実態を知る必要があります。そのためには、よく目にする、例外的な（しかも本当かどうか疑わしい）成功体験談だけでなく、大半を占める失敗事例も知る必要があります。

成功事例だけでなく失敗事例からも学び、独立開業のリアルを知り、一歩でも成功に近づいて欲しい――。これが、本書を執筆した動機です。

●日本で最も診断士をよく知る診断士

遅れましたが、自己紹介します。

私は、会社員だった1995年に診断士を取得し、2002年に退職し、日沖コンサルティング事務所を開業しました。現在、コンサルティング・研修・執筆（ビジネス書や東洋経済オンラインの記事）などの業務をしています。

研修では、大企業の研修とともに、2006年から現在まで中小企業大学校の中小企業診断士養成課程の講師を担当しています。また、全国の中小企業診断士養成課程の実務補習を担う実習インストラクターを養成するインストラクター養成研修の講師も担当しています。

そのため、毎年、中小企業大学校の受講者（＝診断士）150名弱、インストラクター養成研修の受講者（＝診断士）が約60名、所属する中小企業診断協会などで50～100名の診断士と知り合っています。

正確に数えたことはありませんが、この18年間は毎年250～300名の診断士と知り合っており、それ以前を含めると累計5千人超。全国の診断士の総数が約3万人なので、単純計算で診断士の6人に1人が知り合いです。おそらく「日本で最も診断士をよく知る診断士」だと思います。

成功・失敗は予測不可能

このように私には診断士の知り合いが多いこと、また『独立する！　中小企業診断士開業のコツ60』（中央経済社、2018）、『タイプ別 中小企業診断士のリアル』（税務経理協会、2022）など診断士関係の書籍を出版していることから、独立開業に関する相談を頻繁にいただきます。

相談者は、2種類に大別できます。

1つは、まだ独立開業するかどうか決断していない企業内診断士。こういう方からは、「どういう点に注意して独立開業を意思決定すれば良いんですか？」「プロコンって本当に生活していけるんですか？」といった相談をいただきます。

もう1つは、すでに独立開業を決断している企業内診断士や独立開業して間もないプロコン。こういう方からは、「どういう事前準備をすれば良いんですか？」「どう活動し、どう顧客を開拓すれば良いのか教えてください」といったことを聞かれます。

ここでたまに、「相談者が独立開業して成功するか、しないか、日沖さんは相談を受けた時点でわかるんですか？」と聞かれます。まったくわかりません。

素晴らしいキャリア・能力の持ち主で、「まあ、大丈夫でしょ」と思った方が鳴かず飛ばずに終わってしまうことがあります。逆に、ぼそぼそと不明瞭な語り口で「ちょっと大丈夫かな?」と心配した方が大成功したりします。

もちろん、予想通り成功した、やっぱり失敗したというケースも多々ありますが、どういう場合に予想が当たる外れるかという法則性は見出せていません。成功・失敗を正確に予測するのは不可能です。

では、成功・失敗が予測不可能というなら、「あれこれ考えても仕方ない。思い切ってやってみるしかない」のでしょうか。そうでもありません。

繰り返しになりますが、どんなビジネスでも成功するには、そのビジネスのリアルな実態を知る必要があります。成功事例も失敗事例も含めてそのビジネスのリアルを知ることによって、絶対に成功するとは保証できないものの、成功確率をかなり高めることはできます。

●対象読者

本書は、日本で最も診断士をよく知る著者が、これまで見聞した失敗事例の紹介と解説を通して、診断士の独立開業のリアルをお伝えします。

直接の対象読者は、①診断士を取得し、プロコンに関心がある、または検討している方です。ほとんどの人にとって独立開業は、一生に一度あるかないかの決断です。当然、どうしたら良いのか右も左もわからず、不安だらけです。独立開業のリアルを知ることによって、納得のいく決断を下せることでしょう。

また、②独立開業したが、まだ軌道に乗っていないというプロコンも、対象読者です。成功者には、ロケットスタートを切って一直線に突き進むタイプもいますが、独立開業の直後は試行錯誤し、1~2年かけて軌道に乗るというタイプもいます。そして、意外と後者の方が多い印象です。独立開業のリアルを知れば、自分の立ち位置などがわかり、的確に軌道修正することができるでしょう。

さらに、③診断士に関心があるという学生・社会人にも、是非お読みいただきたいと思います。「プロコンになる!」という目標を立ててから診断士の勉強を始めるという人もわずかながらいます。しかし、圧倒的に多いのは、企業経営に興味が湧いて診断士の勉強を始めて、診断士を取得したら独立開業を意識するようになった、という方です。私も後者です。診断士に関心を持ったなら、独立開業のリアルを知っておいて損はないはずです。

本書の構成

本書は、2部構成です。

第1部では、失敗事例を紹介します。私が見聞きし、取材した8つの失敗事例について、まず、資格を取得し、独立開業し、プロコンとして失敗に至る顛末を紹介します。続いて失敗の原因を最新の業界事情・市場動向を踏まえて解説します。

本書では、「失敗」を商業的にビジネスとして成立しなかった場合、具体的には年間の事業収入（売上高）が前職でのピークの年収を下回る場合とします。

そして、折に触れてプロコンの収入事情を紹介することにします。実際に独立開業しようかしまいか思案している人にとって、「プロコンって本当に食べていけるの？」というのが最大の懸念事項で、収入事情が最も知りたいリアルだからです。

世間では、「成功・失敗をお金では測れない」「人生にはお金よりも大切なものがある」と言われます。また、すでに財産をたくわえている高齢の診断士は「社会に貢献したい、お金は必要ない」と言います。

本書では、わかりやすい指標、最大の関心事として収入を取り上げるだけで、こうしたお金にこだわらない考え方・生き方を否定するものではありません。悪しからず。

なお、第1部では、失敗事例という性格上、本人が特定されるのを避けるため、人名や企業名を仮名にするとともに、本質が変わらない範囲でプロフィール（居住地・学歴・性別）や諸条件を少し変更しています。イニシャルもアルファベット順に付しており、まったく意味はありません。

第2部は、成功・失敗の分岐点、成功するためのポイントを解説します。診断士の活動は実に多彩で、成功のパターンも千差万別です。では、まったく法則性がないかというと、そうでもありません。成功者は、理にかなったやり方をしています。第1部で紹介した失敗事例とともに成功事例も踏まえて、その法則性＝理を解説します。

独立開業という素晴らしい挑戦

私は10年くらい前まで、独立開業しようかどうか迷っている企業内診断士から相談を受けたら、必ず「悪いことは言わない、絶対にやめておいた方がいい」と伝えていました。

以前は失敗するケースの方が圧倒的に多かったのと私から制止されて「それでもやりたいんです！」というくらいの強い決意がないと成功しないだろうと思っていたからです。

しかし、最近は考えを変えて、「2年くらい無収入でも生活できる蓄えがあり、失敗しても再就職できる自信があるなら、やってみるのもあり」と言うようにしています。

近年コンサルティングの市場が広がり、成功確率がかなり高まっています。大した決意もなくフラッと独立開業して成功するという診断士をよく見かけるようになりました。転職市場が急速に整備され、失敗しても容易に再就職できるようになっています。

これらが私が考えを変えた直接の理由ですが、もう1つ、独立開業しプロコンとして活動するという素晴らしい人生の挑戦を色々な方に体験してほしい、という気持ちが根底にあります。

独立開業には、様々なリスクがあります。かなり高い確率で、収入が激減します。成功しても、無理をして体調を崩してしまったり、家庭が崩壊してしまうことも珍しくありません。

一方、独立開業することで、自分が持つ知識・スキルを活かすことができます。色々な人と出会い、幅広く活動し、企業や社会の成長・発展に貢献することができます。これは、会社勤務ではなかなか味わえない、素晴らしい生き方です。

本書で診断士の独立開業のリアルを知り、多くのビジネスパーソンが独立開業に挑戦し、素晴らしいビジネスライフを送られることを期待します。

令和5年12月　日沖　健

中小企業診断士 独立開業のリアル 目次

はじめに …… 002

第1部 私はこうして失敗しました

CASE 01 ノープラン・ノー準備で発作的に独立開業 …… 014

[事例] 経営の学習のために診断士を取得／診断士の世界に魅了される／ノープラン・ノー準備で独立開業／中小企業に「理論と実践の融合」というニーズはなかった

[解説] 独立開業の3つの動機／やってみたいことを始めただけだった／独立開業に憧れる診断士は多い／独立開業は想定外の連続

CASE 02 カバン持ちからスタートし、ずっとカバン持ちのまま …… 024

[事例] 転職の準備のために診断士受験に挑戦／実務補習で大崎先生と出会う／カバン持ちとして独立開業することを決断／順調にスタートを切ったが……

[解説] カバン持ちは独立開業の有効な方法／慎重に師匠を選ぶ／カバン持ちの立場に安住／カバン持ちをして師匠から学ぶべきことは？

CASE 03 管理職の立場を生かして順調なスタートも後が続かず …… 026
[事例] 技術系人間が営業に転身 ／ 定年まで勤めて、満を持して独立開業 ／ スタートダッシュに成功 ／ すぐに潮が引いていった
[解説] シニア診断士の厳しい現実 ／ シニア診断士の失敗の本質 ／ フライング営業は是か非か ／ 現役で居続ける ／ 元勤務先との付き合い方 ／ 顧問契約という幻想 ／ 顧問契約はあくまでオマケ

CASE 04 資格予備校の人気講師になるも貧乏生活 …… 043
[事例] キャリアの迷いから診断士を受験 ／ 教える仕事に興味が湧く ／ 講師業を目指して独立開業 ／ 契約講師をスタート ／ コンサルティング業務は広がらず
[解説] 講師業務は重要な収入源 ／ 採用試験の意外なポイント ／ 資格予備校の講師で成功するのは困難 ／ 二刀流は実現しない ／ 失敗しても会社員に戻らない理由

CASE 05 即戦力の社内講師が即、戦力外に …… 059
[事例] 人事部門でキャリアを積む ／ 講師業務がメインに ／ 俺でも簡単にプロになれそう ／ 早期退職募集を機に独立開業 ／ 順調なスタートだが外部には広がらず ／ 2年目から急失速
[解説] 企業研修は有望市場 ／ 金ぴかキャリアの即戦力だが ／ 即戦力もずぶの素人も成功確率は大差ない ／ 3つの活動スタイル 収入が多いのは、少ないのは？ ／ 教育団

体との契約 ／ セミナーを顧客開拓につなげる

CASE 06 コロナバブルも勢いは続かず …… 081
[事例] 上司から診断士受験を勧められる ／ 養成課程で世界が大きく広がる ／ クラスメイトの活躍に刺激され独立開業 ／ 公的支援案件を着実に開拓 ／ バブルは弾けたか？
[解説] 窓口相談と専門家派遣 ／ 経営相談員・専門家の契約・登録 ／ 公的支援の受注 ／ 公的支援の受注を広げるのは困難 ／ 公的支援機関でのセミナー ／ 公的支援から民間業務へと展開できるのか？ ／ 家族との関係

CASE 07 補助金申請支援はドル箱であり続けるのか？ …… 102
[事例] ものづくりを伝えたい ／「どうせやるなら早く」と独立開業を決断 ／ スムーズなスタートも、収入は激減 ／ 大型案件が取れなくなって
[解説] 補助金申請支援が急拡大 ／ 補助金申請支援は儲けにくくなっている ／ 公的支援の過去・現在・未来 ／ 手離れの良し悪し ／ 伴走型支援という理想と現実

CASE 08 受注グループの春は長く続かない …… 116
[事例] 広告代理店からコンサルティング会社へ ／ 登録養成課程でＭＢＡと診断士をダブル取得 ／ クラスメイトに誘われて独立開業 ／ 順調だった1年目 ／ 勢いは1年しか続かず

［解説］ ファームのコンサルティングとプロコンの経営診断は別物 ／ 中小企業診断士養成課程という選択肢 ／ 受注グループの活動が活発化 ／ 受注グループ選びのチェックポイント ／ 私的な受注グループは長続きしない

第2部 成功・失敗の分岐点

成功したプロコンも多数いる

01 成功者には2パターン …… 137
一貫型があまり成功しない理由 ／ 一貫型で成功するための3つのチェンジ ／ チェンジ型が専門領域を確立するまで ／ 強みを見つけ出すには ／ 時間が惜しくないと思える仕事 ／ 独立開業は非合理的な意思決定

02 直接受注が成功の必須条件 …… 149
大企業はプロコンを利用したがっている ／ クライアントのサーチの範囲に入る ／ ビジネス書でブランド化する ／ ホームページで企業からのアクセスを容易にする ／ コンペに勝つには？ ／ C型で「準成功」するには？

03 米国のコンサルティング業界事情と日本の将来 …… 160
ピータースコット＝モーガン先生 ／ 日本のコンサルタントは企業・社会の発展に役立っていない

04 プロコンという素晴らしい生き方 …… 165
人生二毛作

巻末付録 独立開業のチェックリスト

第1部

私はこうして失敗しました

CASE 1　ノープラン・ノー準備で発作的に独立開業

CASE 2　カバン持ちからスタートし、ずっとカバン持ちのまま

CASE 3　管理職の立場を生かして順調なスタートも後が続かず

CASE 4　資格予備校の人気講師になるも貧乏生活

CASE 5　即戦力の社内講師が即、戦力外に

CASE 6　コロナバブルも勢いは続かず

CASE 7　補助金申請支援はドル箱であり続けるのか？

CASE 8　受注グループの春は長く続かない

CASE 01

ノープラン・ノー準備で発作的に独立開業

経営の学習のために診断士を取得

月岡康さんは、東京都内の私立大学商学部を卒業し、大手石油元売A社に入社しました。学生時代に落合信彦著『石油戦争』を読んで感動し、「石油会社に入れば、アラブの王様とスパイ合戦ができるかな」と真剣に考えました。

しかし、新人がいきなり海外勤務できるはずもなく、大阪支店経理課に配属されました。そこで、支店管下の特約店の与信管理を担当しました。SS（ガソリンスタンド）を運営する特約店の経営状態をチェックし、必要に応じて営

［プロフィール］

氏　　名：月岡康（仮名）
前　　職：石油元売
診断士登録：29歳
独立開業：36歳

業担当者や特約店に与信や財務管理のアドバイスする業務です。

入社して早々、担当していた特約店B社が「今月末の商品代金を支払えない」と訴えてきました。B社は本業のSS経営は順調でしたが、B社長が不動産投資にのめり込み、借入金が年間売上高に近い額に達し、資金繰りが行き詰まってしまったのです。

月岡さんはそれから3年間、B社の事業再生支援に取り組みました。この経験から月岡さんは、中小企業の実態と経営者の苦悩を知り、企業経営に興味を持ちました。

その後、「今度はA社の改革だ」と希望して本社の経営企画部門に移動し、29歳の時に独学で診断士を取得しました。経営企画部門で仕事をするにあたり経営について体系的に学ぶことが目的で、独立開業はまったく考えていませんでした。

診断士の世界に魅了される

月岡さんは、診断士に登録すると、中小企業診断協会に入会しました。入会して2か月後、B社の経験や当時SSの廃業が増え始めたことを踏まえて、中小企業診断協会の機関誌に「診断士は、中小企業の発展を支援するだけでなく、経営が立ち行かない場合には廃業も支援するべき」という記事を寄稿しました。

すると、この記事を読んだ多くのベテラン診断士から、「経営者に『会社を畳め』と勧めるのか。何も知らない若造が、好き勝手なことを言うな」「中小企業を支援する気がないなら、お前は診断士を辞めるべきだ」とバッシングが月岡さんに殺到しました。

月岡さんが「ちょっとまずいことしたかな」と思っていたところ、中小企業診断協会の中谷道達副会長（当時、実名）から電話連絡が来ました。中谷副会長から「月岡先生の提言は、これからの時代に非常に重要だ。一緒に、廃業支援に取り組みましょう」と言われました。

早速、中谷副会長の音頭で、中小企業診断協会に「転廃業支援マニュアル作成プロジェクト」が立ち上がりました。月岡さんはメンバーとしてプロジェクトに参加し、マニュアルの作成と全国展開に取り組みました。

中小企業診断協会という組織のナンバー2である中谷副会長が新人の月岡さんに「一緒にやろう」と呼びかける——。この経験から月岡さんは、フラットで自由な診断士の世界に魅了され、コンサルタントという職業を意識するようになりました。

A社に海外派遣留学の制度があったので、月岡さんは応募し、米国ボストンにMBA留学しました。そのMBAは大手コンサルティング会社の現役コンサルタントが講師を務めるというユニークな学校で、月岡さんにとってコンサルタントがさらに身近になりました。

MBAを修了後、シンガポールの現地法人に駐在し、帰国した後、本社の財務部門・IR部門に勤務しました。そして、入社して14年目の夏、A社を退職してプロコンになりました。

ノープラン・ノー準備で独立開業

月岡さんは、MBA留学をした頃から、独立開業を意識するようになりました。ただ、「いつかは挑戦してみたい」という漠然とした願望で、具体的なプランはありませんでした。

会社が早期退職を募集し、早期退職金で当面の生活のめどが立ったこともあって、急きょ「やってみるか」と踏み出しました。シンガポールおよび日本で複数のヘッドハンターから転職のオファーを受けていたことから、「ダメだったら外資系企業に再就職すればいい」という頭もありました。

ノープラン・ノー準備の月岡さんですが、実現したいことはありました。それは、「理論と実践の融合」です。

B社だけでなく日本の中小企業の多くは、勘と経験で手探りの経営を続け、低収益に陥っています。A社勤務の経験や診断士の学習・MBA留学で培った理論を中小企業に導入し、高度な「理論と実践の融合」を実現したい、それによって中小企業の発展に貢献したい、これが月岡さんが目指したことです。

月岡さんは6月末に退職し、7月1日に開業しました。ただ、見切り発車だったので、当然仕事はありません。7月1日の朝、「さて何をしようかな」と思案していたところ、自営業をしている友人から「テニスをしよう」と誘われたので、誘惑に負けて早速テニスコートに直行しました。記念すべき開業記念日は、遊んで過ごしました。

開業の手続きや挨拶回り以外はほぼ何もせず、2週間がたちました。「そろそろ何かしないとまずいな」と思い始めたところに、中小企業診断協会の先輩診断士から「都内の商店街の経営診断を受注したから、一緒にやらないか」と誘われました。もちろん、月岡さんは喜び勇んで「やります！」と手を上げました。

都内の商店街を調査し、改革案を作って提言する大型案件で、先輩診断士のグループが受注しました。月岡さんが担当したのは、来街者へのアンケート調査。8月上旬の炎天下、来街者にお礼のボールペンを渡してアンケートを取るという作業でした。

3日間、約20時間かけて、ようやく目標数のアンケートを取り終えました。「さて次は分析作業かな？」と思っていたところ、月岡さんはそこでお役御免でした。報酬は計1万2千円。これが月岡さんが最初に受け取った報酬です。

中小企業に「理論と実践の融合」というニーズはなかった

その後も、A社勤務時代の知り合いなどから仕事を何件か紹介されました。ただ、市場調査や資料作成といった補助的な低価格の仕事が多く、収入は増えません。収入は月数万円という状態が3か月続きました。

奥様から「仕事がないなら、アルバイトでもしたら」と言われ、「これはまずい」と焦り始めたとき、ある大手資格予備校で診断士講座の契約講師の募集がありました。応募し、採用され、講師業務が加わりました。そのおかげで月に10～15万円の収入が得られ、最低限の生活を維持できるようになりました。

月岡さんは、平日夜間と土日に受験予備校の講師の仕事をし、平日の昼間にコンサルティング業務をし、「365日、昼夜フル回転で働くぞ！」という皮算用をしていました。しかし、コンサルティング業務の方は、その後も受注がなかなか増えませんでした。

知人から紹介されて中小企業を訪問しても、経営者から「変な理屈の話はもういいから、補助金の取り方を教えてくれ」と言われるだけでした。月岡さんが想定していた「理論と実践の融合」というニーズは、中小企業にはなかったのです。

月岡さんの退職前の年収は約1千万円でしたが、独立開業1年目は4分の1以下に激減してしまいました。しかし、その後も月岡さんは再就職せず、プロコンを続けています。

＊＊＊＊＊＊＊＊＊＊＊＊＊＊＊＊＊＊＊＊＊＊＊＊

【解説】

独立開業の3つの動機

診断士の独立開業に限らず、ある事業を始めるとき、大きく次の3つの動機があります。

① 強み（Strength）を生かす

例）ＩＴベンダー勤務で培った知識を活かして、ＩＴコンサルティングをする。

② 機会 Opportunity を捉える

例）事業承継のニーズの高まりに着目し、事業承継コンサルティングをする。

③ やってみたいことをやる

例）地域の発展に貢献するために、地元企業の海外販路開拓を支援する。

企業経営で最もよく用いる技法がＳＷＯＴ分析（Strength 強み・Weakness 弱み・Opportunity 機会・Threat 脅威）です。経営者は、「強みを生かす」「弱みを克服する」「機会を捉える」「脅威に対処する」という４つで経営意思決定をします。

このうち診断士の独立開業で基本になるのは、「①強みを生かす」と「②機会を捉える」の２つです。

弱みを克服しても、強みにまではなりません。英語が苦手という診断士が少し勉強しても、英語でコンサルティングをするのは困難でしょう。

脅威を克服しても、機会にはなりません。競合他社が安売り攻勢をかけてきたことにしっかり対処しても、売上の減少を食い止めるのがせいぜいで、売上を大きく増やすことにはなりません。

事業を長く続けていると、弱みを克服したり、脅威に対処したりする場面が出てきます。なので、「弱みを克服する」や「脅威に対処する」が重要でないということではありません。

ただ、今から事業を始めるという段階では、「①強みを生かして②機会を捉える（S×O）」というのが基本になります。そして、この2つに③が加わったドメインで事業展開するのが理想の状態で、成功確率がかなり高まります。

やってみたいことを始めただけだった

月岡さんの場合、3つのどれに当てはまるでしょうか。本人は、3つすべてに当てはまる理

＜図表1　3つの動機＞

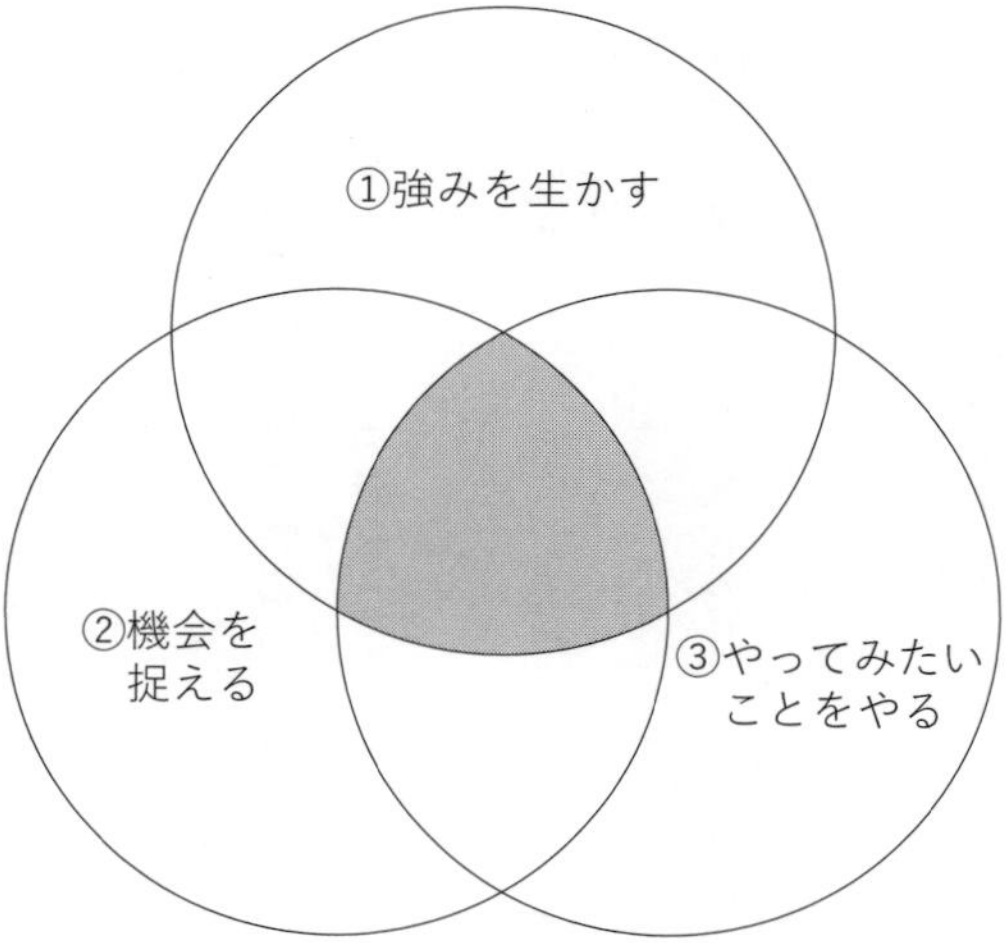
①強みを生かす
②機会を捉える
③やってみたいことをやる

想の状態だと考えていたようです。

月岡さんは、A社勤務やMBA留学で培った経営管理の知識を強みだと思っていました（①）。しかし、経営者・上級マネジャーとして本格的にマネジメント活動をした経験はなく、他のコンサルタントと比べて強みと言えるほどではありませんでした。

中小企業経営者は勘と経験に頼った経営から脱し、「理論と実践の融合」を目指すようになるだろうと想定していました（②）。しかし、大半の中小企業経営者は理論に無関心で、関心があっても、そのためにコンサルティングや研修にお金を払おうというニーズはほとんどありませんでした。

つまり、月岡さんは、強みを生かすというわけでも、機会を捉えるというわけでもありませんでした。冷静に見ると、「コンサルタントに挑戦してみたい！」という希望だけでした（③）。「やってみたいからやる」というのは、あくまで本人の勝手な希望です。大した強みがあるわけでも、大きなニーズがあるわけでもなく、あるのは希望だけという月岡さんが成功しなかったのは、当然でしょう。

なお、月岡さんはノープラン・ノー準備で独立開業しましたが、事前の事業計画はまったく必要ありません（理由は13ページと147ページ参照）。事前の準備については、巻末のチェックリストを参考にしてください。

独立開業に憧れる診断士は多い

強みを生かす（①）でも、機会を捉える（②）でもなく、やってみたいことをやった（③）というだけの月岡さんは、かなり特殊な失敗事例でしょうか。

会社を定年退職した高齢の診断士は、よく「お金は要らないから、社会貢献したい」と希望します。こうした高齢の診断士の数は非常に多く、３つの中では③が最も一般的な独立開業の動機かもしれません（もちろん、培った知識・経験を生かすことを同時に希望しますが）。

高齢の診断士だけではありません。最近、学生や若手社会人の間でコンサルタントが知的なエリート職業として憧れの的になっています。若手は、たいてい外資系コンサルティングファームへの就職・転職を希望しますが、月岡さんのように独立開業に挑戦するケースもあります。こうしたケースは、③に分類できます。

このように、憧れから「やってみたい！」と独立開業するのは、主流と言っていいくらい普通のことなのです。プロコンの成功確率が低い基本的な理由は、ここにあります。

ところで、中小企業診断協会の中谷副会長は、診断士登録して間もない、自分の息子のような年齢の月岡さんを「先生」と呼んでいます。「おや？」と思われたかもしれませんが、診断士の間ではお互いのことを「先生」と呼びます。

これは、「偉い人」「目上の人」という意味での「先生」ではありません。新人でもベテランでも、実績や能力があろうとなかろうと、すべての診断士を同じに扱いましょう、ということです。大手石油会社という巨大な官僚組織に所属していた月岡さんは、このフラットで自由な人間関係にも魅了されたようです。

独立開業は想定外の連続

想定が外れ、独立開業して1年目に収入が激減した月岡さんですが、その後軌道修正し、商業的に成功しました。なので、完全な失敗事例とは言えないかもしれません。

どんなビジネスでも、事業を立ち上げた後に想定外のことが起こります。ただ、ラーメン屋を開店して「思ったより週末の客入りが悪い」「スープの味がちょっと評判悪い」というのと違って、プロコンの場合は想定外だらけです。

とくに、想定外が起こる（想定通りにならない）のが、受注です。繰り返しとなりますが、コンサルティングという目に見えないサービスを売るのは容易なことではなく、月岡さんがそうだったように、想定したクライアントからの引き合いは来ません。一方、思いも寄らない企業からの紹介や偶然の出会いによって、想定外の引き合いが来たりします。

独立開業する前に綿密な事業計画を作っても、そのまま実現することはまずありません。なので、事業計画を作っても時間と労力の無駄です。それよりも独立開業後の想定外の事態に対応し、適切に軌道修正することが、プロコンとして成功するためのポイントです。

独立開業後の軌道修正については、第2部で紹介します（142〜144ページ参照）。

CASE 02

カバン持ちからスタートし、ずっとカバン持ちのまま

転職の準備のために診断士受験に挑戦

長谷川幹夫さんは、東京都内の私立大学・経営学部を卒業し、ドラッグストア・チェーンC社に就職しました。大学のゼミでマーケティングを学んだことと当時ドラッグストア・チェーンが伸びていたことから、C社を就職先に選びました。

入社後、実地研修ということで、まず店舗に配属されました。店舗では、接客・品出し・陳列・従業員管理といった店舗運営を手伝いながら、商品や店舗運営方法を学びました。次に配

[プロフィール]

氏　　　名：長谷川幹夫（仮名）

前　　　職：ドラッグストア・チェーン

診断士登録：28歳

独 立 開 業：29歳

送センターに異動になり、在庫・物流管理を学びました。

そして入社して1年後、本部に異動になりました。本部では、情報システム部門に勤務した後、企画部門で出店や予算管理を担当しました。

非常に充実した毎日でしたし、会社からの評価も高かった長谷川さんですが、入社して4年経った頃から、ドラッグストア・チェーンの仕事に疑問を持つようになりました。

C社では、薬剤師の資格保有者が優遇され、長谷川さんのような無資格の事務系社員は冷遇されていました。給料など待遇もそうですが、出店やプロモーションといった事務系の方が向いていそうな業務でも薬剤師の意見ばかりが通る状況で、長谷川さんは肩身が狭く感じられました。

また、当時ドラッグストア業界では、「40歳定年説」と言われていました。ドラッグストアの店舗は長時間の立ち仕事で、若い人でないと体力的に厳しいという意味です。本部勤務の長谷川さんには直接関係ないものの、「ずっとこの会社のままで良いのか」と将来のキャリアを意識するようになりました。

ちょうどその時、学生時代の友人と話す機会がありました。その友人は、新卒で入った金融機関を2年で辞めてメーカーに転職し、次はコンサルティング会社に転職することを目指して診断士の勉強をしているということでした。

長谷川さんも、学生時代から診断士の存在を知っていました。転職を具体的に意識したわけではありませんが、いずれ訪れる転職の準備に診断士の学習を始めることにしました。

実務補習で大崎先生と出会う

早速、資格予備校に入学し、受験勉強を始めました。会社勤務との両立はたいへんでしたが、学生時代からマーケティングなど企業経営に興味があったことから、学習は順調に進み、1年目に1次試験に合格しました。1年目の2次試験は大きなミスをして不合格でしたが、翌年合格しました。そして、合格した年に実務補習を申し込みました。

実務補習の1社目は食品スーパーで、指導員は大崎一郎先生（仮名）でした。大崎先生は、チェーンストア理論で有名な渥美俊一氏（実名）の流れを汲む、高名な流通コンサルタントです。

ドラッグストア・チェーンに勤務する長谷川さんから見ても、大崎先生の指導は目から鱗の連続でした。長谷川さんら実習生が行った分析の甘さを鋭く指摘し、報告書の作成に向けて丁寧にアドバイスをしてくれました。

また、その食品スーパーは大崎先生の顧問先の1つで、実習の間、社長がたびたび大崎先生のところへやってきて、熱心にアドバイスを求めていました。長谷川さんは、「コンサルタントって、こんなに社長から頼りにされる職業なんだ」と感銘を受けました。

この大崎先生との出会いによって、長谷川さんの中で、今まで眼中になかったコンサルタントという職業が俄然大きな存在になってきました。

診断士登録をした後、大崎先生が研究会を主宰していたので、早速入会しました。研究会は、大崎先生の指導で実習を受けた門下生で構成され、色々な業種で働く企業内診断士やプロコンが参加していました。毎月開催される例会に参加し、人的ネットワークが広がるにつれて、長谷川さんは、いつかは大崎先生のようなコンサルタントになりたいと思うようになりました。

カバン持ちとして独立開業することを決断

診断士登録をしてから1年経ったある日、大崎先生とゆっくり話す機会がありました。長谷川さんが「将来コンサルタントとして独立開業してみたい」と打ち明けたところ、大崎先生から少し意外なコメントがありました。

「40代・50代で家族持ちの方から相談されたら、いつも反対しています。『定年まで待て』とね。でも、長谷川さんくらいの若さなら、やってみるのもありかもしれませんね。ダメだったら、いくらでも再就職できそうだし」

こうして長谷川さんは、独立開業を強く意識するようになりました。他の先輩コンサルタントにも相談し、診断士を対象にした独立開業セミナーにも参加しました。

あるセミナーで講師が力説していたのは、最初の1年の厳しさでした。「とくにビジネスの経験が少なく、ネットワークもない若手の場合、顧客開拓をするのは容易ではない。受注ネットワークに参加したり、有力な先生のカバン持ちをするのは有効な方法だ」ということでした。

そこで、再度、大崎先生に相談してみたところ、カバン持ちについて前向きに返事してくれました。「アシスタントとして同行したり、調査業務などを手伝ってもらうことは問題ありません。確実に仕事を回してあげるとまでは約束できませんが」ということでした。

その後1か月ほど思案した末、長谷川さんは思い切ってC社に辞表を出し、コンサルタントとして独立開業しました。

順調にスタートを切ったが……

大崎先生は早速、D市の産業振興センターの経営指導員に長谷川さんを推薦してくれました。本来、産業振興センターは経営指導員を公募し、応募者の実績などを審査するようですが、大崎先生のプッシュのおかげで長谷川さんは登録することができました。

さらに、大崎先生が最初の仕事を紹介してくれました。大崎先生の顧問先の外食チェーンが新業態を開発し、店舗展開するという案件でした。ここで長谷川さんは、大崎先生のアドバイスを受けながら、マーケット調査を担当しました。

長谷川さんは、まさに大崎先生のカバン持ちをして、2週間に渡って調査をしました。大崎先生から受け取った収入は15万円。これが、長谷川さんの初仕事、初収入でした。順調なスタートを切って、長谷川さんは「思い切って独立開業して良かった」と思いました。

大崎先生は、その後も長谷川さんのことを気に掛けてくれて、数か月に一度カバン持ちに誘ってくれました。失業手当が切れた後の当座の生活収入が得られたことも大きかったですし、大崎先生の身近で仕事をすることで、コンサルティングの進め方を習得することができました。

長谷川さんは、「大崎先生に頼り切っていてはダメだ」と考え、自力での顧客開拓を始めました。しかし、たまに地元企業やC社勤務時代の関係者から引き合いがあるものの、なかなか大型案件の受注には至りません。

D市の産業振興センターの経営指導員の方も、登録したきりでほとんど案件を紹介されません。実績のあるベテランの指導員が優先され、新人の指導員には案件が回ってこないようです。

長谷川さんが独立開業してから3年経ちましたが、顧客開拓は進まず、収入の大半が大崎先生のカバン持ちです。C社を退職する前、長谷川さんの年収は400万円台でしたが、200万円台。ほぼ半減してしまいました。

＊＊＊＊＊＊＊＊＊＊＊＊＊＊＊＊＊＊＊＊＊＊＊＊＊＊＊＊＊

【解説】

カバン持ちは独立開業の有効な方法

ケース2の長谷川さんも、若くして独立しました。「強みを生かす」「機会を捉える」に該当しなかったことなど、ケース1の月岡さんと共通しています。

長谷川さんのような若手の診断士が独立開業して困るのは、1つは、新しい世界で右も左もわからないこと、さらにそれ以上に困るのはクライアントがなく低収入・無収入になってしまうことです。

そこで有効なのが、いわゆる「カバン持ち」です。カバン持ちとは、先輩コンサルタントのアシスタントとして活動することです。

ここでいう先輩コンサルタントは、大崎先生のように実習でお世話になった指導員や中小企業診断協会の研究会などの知り合いというケースが多いようです。また診断協会の支部によっては、独立開業を希望する会員に先輩コンサルタントを紹介する「カバン持ち制度」を導入しています。

カバン持ちの活動形態は多様です。先輩コンサルタントとの関係性が弱い順から、次のような形態があります。

① 先輩コンサルタントが案件を受注したら、内容に応じて参加する。
② 先輩コンサルタントの会社の契約社員になる。
③ 先輩コンサルタントとすべての活動をともにする。

長谷川さんは①でした。一般的にも、カバン持ちという場合、①が多いと思います。①→②→③と先輩コンサルタントとの関係性が深まり、拘束時間が増え、活動の自由度が低下します。その代わり、収入は安定します。

慎重に師匠を選ぶ

カバン持ちは、コンサルティングの勉強をしながら一定の収入が得られるということで、独立開業を希望する診断士にとっては理想的に見えます。

ただ、カバン持ちには注意するべき点がいくつかあります。

まず、コンサルタントの世界には、弟子に単純作業を低価格で押し付ける、ひどい〝師匠〟がいます。大崎先生のような面倒見も金払いも良い師匠は、むしろ少数派かもしれません。

ひどい師匠のカバン持ちをすると、スキルが身に付かず、収入が増えません。それだけでなく、プロコンとしてのキャリア形成という点でマイナスに作用することがあります。

カバン持ちをすると、良くも悪くも「○○先生のお弟子さん」と周囲から認知されるようになります。この認知は、将来、師弟関係を解消してからもずっと付いて回ります。ひどい師匠だと「あの○○先生のお弟子さんではちょっとねぇ」とキャリア形成にマイナスになります。

カバン持ちをするなら、師匠選びは慎重にしましょう。知り合いの先輩診断士などから「俺のカバン持ちをしてみないか」と打診されたら、義理・人情で無理してカバン持ちを引き受けることは、絶対にやめるべきです。大切な自分の人生です。

カバン持ちの立場に安住

それよりも私が気になっているのは、カバン持ちとして順調にスタートを切った診断士のその後です。カバン持ちは、あくまで誰かの弟子。独り立ちしない限り、いつまで経っても師匠の収入を上回って成功することはできません。

ところが、長谷川さんのようにその後もずっとカバン持ちのまま、つまり低収入のままという診断士をよく見受けます。師匠が有能・安価で使い勝手が良い弟子を手放してくれないというケースもありますが、弟子の方がカバン持ちの立場に安住してしまうようです。

長谷川さんは、次のように自省しています。

「顧客開拓に取り組んでいますが、目先の仕事を優先してしまい、なかなか本腰が入りません。結局、苦労して営業しなくても大崎先生が仕事をくれるので、頼り切ってしまっています」

では、長谷川さんのような「永遠のカバン持ち」にならないためには、どうすれば良いのでしょうか。まず、独り立ちを目指して決意を固めることが大切です。1日も早く独り立ちできるよう、目標を掲げて顧客開拓など活動する必要があります。

目標は、明確な期限があると「なんとしても達成しよう！」という意欲が高まります。ワタミの創業者・渡邉美樹さんは、「夢に日付を」と言います。「いつかは独り立ちしたいなぁ」ではなく、「202×年4月1日に独り立ちする！」と具体的に日付を決めるようにします。

また、独り立ちしてやっていくには、コンサルタントとしての実力を付ける必要があります。せっかく師匠と仕事をしているわけですから、師匠のノウハウを盗み、師匠を乗り越えて、クライアントから「師匠よりもお弟子さんの方がスゴイ」と言ってもらえるようになりたいところです。

カバン持ちをして師匠から学ぶべきことは？

カバン持ちは独立開業したばかりで右も左もわからない新米コンサルタントにとって大いに勉強になります。ただ、カバン持ちの学習効果には限界があることも知っておきたいところです。

コンサルティングで最も難しいのは、受注です。まず、無名のコンサルタントに案件の引き合いがなかなか来ません。来たとしても、見込みクライアントの課題とコンサルタントの専門性がマッチせず、よく失注になります。コンペに負けるということもあります。

繰り返しますが、コンサルティングという目に見えないサービスを売るのは容易なことではありません。受注のノウハウこそが、プロコンにとって最も重要なノウハウです。

カバン持ちは、このコンサルティングで最も難しい受注を師匠に依存しています。そして、たいていの師匠は、このノウハウを弟子に部分的にしか伝授しません。部分的というのは、クライアントの分析やプロポーザル（提案書）の作成といった作業は任せても、社長へのプレゼンテーションなど重要な部分は師匠が自らやります。

大崎先生は非常に面倒見の良い師匠ですが、それでも社長にプロポーザルを説明するプレゼンテーションの場に長谷川さんを同席させることはありませんでした。ノウハウを隠したいというのではなく、社長との真剣勝負の場に余計な人を同席させたくないということです。大崎先生だけでなく、これが普通の感覚だと思います。

つまり、カバン持ちをしてたくさん業務をこなせば、かなりコンサルタントらしく振る舞うことができるようになります。しかし、本当の意味でのコンサルタントとしての実力は身に付かないのです。

むしろ、カバン持ちをして師匠か学びたい（盗みたい）のはコンサルタントとしての姿勢です。いい加減な取り組み姿勢のコンサルタントでも、短期的には勢いや運で成功することがありま す。しかし、大崎先生のように長期に渡って成功しているコンサルタントは、ほぼ例外なく仕事に対する厳しい姿勢、高度な倫理観・プロ意識を持っています。

独立開業した早い時期に、素晴らしい師匠からコンサルタントとしての姿勢を学ぶと、その後も良い活動をすることができ、成功する確率がかなり高まります（絶対成功するとは言えませんが）。その意味でも、良い師匠を選ぶことが大切なのです。

なお、他の士業ではまず有資格者の事務所に入って経験を積み、仕事をしながら勉強して資格を取り、事務所のクライアントを引き抜いて（盗んで）独立開業する、ということがかなり一般的なようです。

しかし、診断士の世界では、師匠のクライアントを盗むというのは一般的ではありません。診断士はかなり狭い世界なので、クライアントを盗むと業界内で悪い評判が立ってしまい、本人のキャリアに致命傷になります。法的なリスクもあります。クライアントから依頼があった場合でも、師匠のクライアントは盗まない方が得策でしょう。

CASE 03

管理職の立場を生かして順調なスタートも後が続かず

技術系人間が営業に転身

飯田進一さんは、東北地方の国立大学の工学部を出て、大手機械メーカーE社に就職しました。最初は工場の生産技術部門に配属になり、ものづくりの基本を学びました。そして4年後サービスセンターに、さらに2年後、技術営業部門に異動になりました。

飯田さんは根っからの技術系人間で、子供の頃から人と話すより機械をいじっている方が好きでした。そのため、技術営業部門への異動が決まった時、「こりゃ参ったなぁ」と思いまし

［プロフィール］

氏　　　名：飯田進一（仮名）
前　　　職：機械メーカー
診断士登録：52歳
独立開業：60歳

た。

最初の半年間は案の定、仕事が苦痛でした。技術の話をする以前に、お客様と会ってもなかなか活発に意見交換できる場作りができず、お客様が何に悩んでいるのかよくわからないという日が続きました。

しかし、上司に発破をかけられて嫌々ながらも続けているうちに、だんだんお客様の気持ちがわかるようになってきました。すると、ものづくりとはまた違った楽しさが感じられるようになってきました。

お客様に困りごとがあり、営業部門の担当者では解決できない時、飯田さんに技術的な相談が来ます。飯田さんがお客様の問題点を探り出し、的確なアドバイスをします。そして、問題が解決すると、お客様から手を取って感謝されます。

上司の親身なサポートもあって成功体験を積み重ねていくうちに、飯田さんはすっかり技術営業の仕事が好きになりました。人と会うのも苦ではなくなり、営業マンに生まれ変わったつもりで業務に邁進しました。

以後、飯田さんは、E社を退職するまで30年間、営業部門と営業支援部門で働きました。

定年まで勤めて、満を持して独立開業

飯田さんは、40歳で管理職に昇進しました。E社では、標準年次での昇進でした。しかし、ここで昇進が止まり、どんどん昇進していく同期入社組から後れを取るようになりました。

飯田さんは、出世に強くこだわっていたわけではありませんが、「会社からはそんなに評価されていないんだ」と寂しく感じました。「この会社ではずっとこの立場のままなんだ」と気付くと、定年までのキャリアと退職後の生活のことを考えるようになりました。

その時、以前から親しくしていたあるOBが、定年前に技術士の資格を取って、退職後は地域の中小企業に技術指導をしていると知りました。これに刺激を受けた飯田さんは、「技術営業の経験・ノウハウを生かしてコンサルタントとして活動したい」と思い、診断士の資格取得に挑戦することにしました。47歳のときでした。

財務などが苦手だった飯田さんは、1次試験に2度失敗しました。ただ、「定年までに合格すれば良い」と考えていたので、焦りはありませんでした。3度目の挑戦で1次試験を突破し、同じ年に2次試験も合格し、診断士に登録しました。52歳でした。

診断士に登録した後、飯田さんは中小企業診断士協会に入会しました。そして、定年後を睨んで流通関係の研究会に2つ入会し、スキルアップとコンサルタント人脈の形成に努めました。また、E社グループに教育子会社があったので、テキストなどをもらって研修業務の基本を勉強しました。

飯田さんが55歳の時、電機メーカーで働いていた大学時代の同級生が早期希望退職に応募し、特許事務所を始めました。これを聞いて飯田さんも「今から始めるのもありかな」と迷いました。

しかし、退職金を満額もらいたかったことや奥様が早期退職に強く反対していたことから、結局、定年までE社に勤めました。そして、60歳で満を持して独立開業しました。

スタートダッシュに成功

第二の人生のスタートを切った飯田さんは、早速、挨拶状を出し、グループ会社や営業でお世話になったお客様に精力的に挨拶回りしました。みな「頑張ってください。相談したいことがあったら連絡します」と言ってくれました。

技術営業部門の後輩がグループ会社の社長をしているので挨拶に行ったところ、営業担当者教育の研修講師を依頼されました。2か月後、若手営業担当者12人に7時間の研修を実施し、20万円の講師料を受け取りました。これが飯田さんの診断士としての初仕事でした。

続いて、支店に勤務していた頃に懇意にしていたお客様に顧問への就任を打診したところ、快く応じてくれました。月1度経営会議に出席してアドバイスをする契約で、毎月6万円の定期収入が入ってくるようになりました。

顧問契約をもっと増やしたいなと思っていたところ、知り合いの診断士が顧問紹介サイトを教えてくれたので、早速、登録しました。ただ、このサイトからは、現在に至るまで1社も顧問契約を獲得できていません。

この他にも、グループ会社や診断士仲間からの単発の業務が数件入ってきてました。先輩の診断士から

「独立開業しても半年から1年は収入ゼロだよ」と脅かされていたのですが、思っていたより順調にスタートを切ることができました。

しかし、飯田さんの第二の人生はこの1年目がピークでした。

すぐに潮が引いていった

1年経って、診断士仲間からの「大きな案件を受注したので、手伝ってくれないか」という誘いが少しずつ増えてきました。逆に、会社関係の新規の引き合いは、目に見えて減っていきました。

退職直後、グループ会社の人事部長を訪問した時、「来年の新任管理職研修を是非お願いします」と言ってくれたので、時機到来と見て研修企画を提案しようとしたところ、「そんなこと言いましたかね」と白を切られました。

顧問契約の他に、1年目に会社関係で研修や業務改善の案件を5件受注したので、リピートを打診したところ、3社に断られ、打ち切りになりました。

そして3年目、独立開業の直後から継続していた顧問契約が解消になりました。懇意にしていた社長が退任したことによるものでした。後任の社長に契約の継続をお願いしたところ、「飯田さんは他所でも手広く活動されているそうじゃないですか」と冷たくあしらわれました。

この言葉を聞いて飯田さんは、「いつまでも古巣にしがみつくな」と言われているように感じ、その後、会社関係者への連絡に二の足を踏むようになりました。すると、会社関係の引き合いが益々減りました。

こうして、4年目には会社関係の受注は完全にゼロになりました。会社関係以外の受注も、単価が安い公的診断の案件が多く、収入は減りました。

飯田さんは、退職時に年収が約700万円ありましたが（最も多かった時は約1100万円）、独立開業後は1年目の約400万円をピークに年々減り続けました。7年経って、たまに仲間の診断士から声が掛かったら公的診断のお手伝いする程度で、年収は50万円未満、実質、開店休業状態になっています。

＊＊＊＊＊＊＊＊＊＊＊＊＊＊＊＊＊＊＊＊＊＊＊＊＊＊＊＊＊

【解説】

シニア診断士の厳しい現実

診断士が人気資格になったのは2000年頃からで、それ以前は、「知る人ぞ知る資格」でした。「診断士を取って、定年後はボランティアとして公的診断でも手伝うか」というケースが多かったのです。こうした年金をもらいながら片手間で活動するシニア診断士を業界では「年金診断士」と揶揄しています。

しかし最近は、シニア診断士も多様化しており、飯田さんのように「経験・知識を生かしてプロとして活動し、しっかり稼ごう！」という意欲的なシニア診断士が増えています。

退職金・年金で生活のベースを確保し、長年培った経験・知識・人脈を生かして活動し、企業・社会の発展に貢献し、後輩の企業人からも尊敬される……と書くと夢の老後、言うことない第二の人生に見えます。

しかし、現実はそんなに甘くありません。元々稼ごうと考えていない古いタイプの年金診断士は当然として、飯田さんのような満を持して独立開業したシニア診断士でも、退職前の年収を上回るケースは極めてまれです。

後者の場合、定年退職の直後は、飯田さんのように会社勤務時代の人脈で多少は仕事がありま す。しかし、2〜3年もすると関係が薄れて仕事が減っていき、70歳を超えるとほぼ仕事がなくなり、開店休業状態になります。シニア診断士の大半は年間収入が200万円に満たないと推測されます。

シニア診断士の失敗の本質

経験も知識もネットワークもあり、一見プロコンとして有利に思えるシニア診断士が成功しないのはなぜでしょうか。3点考えられます。

第1に、コンサルティングや研修などの業務は体力的になかなかハードで、シニア診断士では対応しにくいという面があります。

コンサルティングにおいてアウトプットの質を高める作業には終わりがありません。プロポーザル（提案書）の完成度を高めようとあれこれ手直ししていたら、いつの間にか窓から朝日が差し込んできた、ということがたびたびあります。

研修なら実施時間が決まっていて、徹夜になることはありません。その代わり、2日間、朝から晩までほぼ立ちっぱなしです。また、地方のクライアントに出向くことが多く（2020～2022年はオンライン研修が増えましたが）、人気講師だと1週間自宅を空けるというのは日常茶飯事です。

コンサルタントは知識労働者だと思われがちですが、成功するには、まず肉体労働者としても優秀であることが必須条件です。「知能よりも体力」と言い切る人もいます。体力的に無理が効きにくいシニア診断士は、若手と比べて圧倒的に不利なのです。

第2に、仕事を依頼するクライアントがシニア診断士を敬遠するという点も大きいと思います。

クライアントの中小企業経営者の多くは、自宅など自分の財産を銀行借入金の担保に入れて、まさに人生を賭けて経営しています。セミリタイアし、安全な場所に身を置いているシニア診断士から「リスクを取って攻めろ！」「死ぬ気で頑張れ！」とアドバイスされても、経営者の心には響きません。

逆に、シニア診断士と違って、若手・中堅の診断士がリスクを取って独立開業したというのは、それだけで経営者から見て重みがあります。経験が少なくても、スキルが低くても「こいつは見どころあるな」というわけです。

また一般にコンサルティングは、その場限りの単発のアドバイスではありません。クライアントは、信頼できるコンサルタントと長期的な関係を築きたいと考えます。年齢的にいつ店じまいするかわからないシニア診断士はクライアントにとって不安で、それよりも将来性がある若手の診断士の方が魅力的です。

第3に、シニア診断士の知識・経験という強みが逆にマイナスに作用することがあります。

8~9ページのとおり、強みを生かすのはビジネスの基本です。ただ、自分の強みを生かそう、というとき、自分が起点で、自分が中心です。そして、飯田さんのように知識・経験が豊富なシニア診断士ほど、クライアントの声に耳を傾けず、「私のこの貴重な知識を御社でも活用しませんか?」と自分を押し付けて、クライアントから煙たがられます。

ビジネスの起点も中心も、あくまでクライアントです。クライアントのニーズを知り、クライアントのニーズに合ったサービスを提供し、顧客満足を得ることでビジネスは発展します。自分の経験やスキルとクライアントのニーズがマッチするのが理想ですが、あくまで結果論で、起点・中心はクライアントです。

逆に、経験・知識が足りない代わりにクライアントの声に真摯に耳を傾ける若手・中堅の方が、結果的にシニア診断士よりも成功することが多いのです。

フライング営業は是か非か

ところで、私は定年前のシニア診断士から「フライング営業」に関する質問をよくいただきます。フライング営業というのは私の造語で、会社を退職する前にクライアントを確保しようと営業することです。

私は、「コンサルタントとして成功したいなら、フライング営業は止めておいた方が良い」とアドバイスしています。なぜフライング営業はいけないのでしょうか。

まず、フライング営業でめでたく退職前にクライアントを確保したとしても、気休め程度にしかなりません。まだ何の実績もない〝未来のコンサルタント〟と契約してくれるのは、「コンサルタントとしての実力を買って」というより、「義理と人情で仕方なく」ということでしょう。そういうクライアントは、コンサルタントが退職して義理がなくなると、たいていさっさと契約を解除してしまいます。

次に、元勤務先との関係が悪化することも、長い目で見てマイナスです。会社勤務が長いシニア診断士にとっては、元勤務先が有力な受注チャネルです。ただ、独立開業後も元勤務先から声をかけてもらえるのは、会社勤務時代に良い仕事をして信頼され、退職後も良好な関係を維持している場合です。

ここで、会社勤務しながらフライング営業や副業でコンサルティング活動に精を出していると、どうしても社業がおろそかになり、「いい加減な仕事をするやつ」というイメージが定着し、信頼してもらえません。

また、獲得したクライアントから「仕方なく契約を結ばされた」という話が元勤務先に届くことがあります。こういうことがあると、元勤務先との関係は決定的に悪化してしまいます。

さらに、フライング営業の最大の問題は、プロコンとして成功するために必要な真の営業力が身に付かないことです。

コンサルティングという目に見えないサービスを売るには、自分の専門スキルを必要とするクライアント候補を探し、アプローチして関係を構築し、クライアントの問題を分析し、適時適切に提案する必要があります。これがプロコンに必要な営業力です。

ここで、親戚・友人・同窓生・元取引先といった義理・人情・コネに頼って「簡単に注文をもらえそうなところから受注する（＝取れるところから取る）」ことを繰り返していると、受注のための苦労を経験しないので、いつまで経っても営業力が身に付きません。

独立開業して収入ゼロになるというのは、たしかに不安、というより恐怖で、フライング営業をしたいという気持ちは痛いほどわかります。しかし、プロコンとして成功したいなら、フライング営業は控えた方が良いでしょう。

現役で居続ける

フライング営業とは逆に、定年退職した後、１か月から半年の充電期間を取るシニアがいます（半年以上取ると、もう戻ってこなくなります）。長い会社勤めを終えて少しゆっくりしたいという気持ちはわかりますが、充電期間を取るのはやめた方が良いでしょう。

ＡＩなど変化の早い業界の場合、あまり充電期間が長いと技術や市場の変化についていけなくなるという問題があります。ただ、それよりも心配なのは、シニア診断士の気持ちの変化です。定年退職して、「お疲れ様」と海外旅行に行ったりすると、そこで「俺もここまでよくやった。ようやく一区切りがついた」と気持ちが切れてしまいます。知識・スキルは現役でも、気持ちの方は引退済みになります。

もちろん、充電期間を終えたら、「さて、コンサルタントとして第二の人生を頑張るか」とスイッチを入れるわけですが、いったん切れてしまった気持ちは、完全には元に戻りません。

つまり、ビジネスが順調なときは問題ありませんが、気に入らない仕事や困難な状況に直面すると「別に大儲けしようと思っているわけでもないし」「まあ、無理をしなくても」と逃げてしまいます。

また、クライアントは、シニア診断士が気持ちの上で現役なのか、すでに引退済みなのかを敏感に正確に察知します。引退済みのシニア診断士に、ちょっとしたテクニカルなアドバイスを求めることはあっても、会社の命運を決するような重要な相談はしません。

こうしてみると、退職前にフライング営業をするのも、充電期間を取るのもダメで、退職と同時に実質的な活動を始めるのが正解ということになります。

なお、50歳未満の現役世代が会社を辞めて充電期間を取るのは、逆に非常に良いことです。MBAで学んだり、海外のビジネスを視察したりして自分を見つめ直すことは、その後の活動の貴重な糧になるでしょう。

元勤務先との付き合い方

会社勤務が長いシニア診断士にとって、独立開業後、元勤務先とどう付き合うかも、重要な課題です。

元勤務先との付き合いは、まったくケースバイケースです。飯田さんのように、元勤務先と緊密に付き合うというケースもあれば、退職後はまったく音信不通というケースもあります。

元勤務先と同じ業界で引き続き活動するなら、関係を維持するべきです。プロコンは会社を離れるとどうしても業界事情に疎くなりますし、人的ネットワークも弱まるからです。元勤務先と関係を保つことで、こうしたマイナスをカバーすることができます。

一方、心機一転で自由に活動したいという希望、義理と人情で受注しないという主義・信条から、あえて元勤務先との関係を断つというプロコンもかなりいます。繰り返しですが、元勤務先のような「取れるところから取る」という姿勢では、コンサルタントとして大成できません。

ということで正解はありませんが、現実問題として、シニア診断士の受注は、会社関係者から直接・間接に紹介されるものが多くを占めます。飯田さんのようにべったり付き合うのは考え物ですが、適度なお付き合いをして、名前と顔を覚えていてもらって、何かあったとき「そう言えば飯田さんっていたな」と思い出してくれるくらいの関係が良いでしょう。

ちなみに私は、独立開業して最初の5年間は、元勤務先との接触を極力控えていました。しかし、元勤務先の関係者から色々と声を掛けていただくようになり、近年は普通にお付き合いしています。受注面のメリットもさることながら、今の自分があるのは元勤務先のおかげなので、何らかの恩返しができれば、という心境です。

顧問契約という幻想

このケースの最後に、顧問契約について確認しましょう。飯田さんもそうだったように、顧問契約の獲得を目指すシニア診断士が多いようです。

顧問とは、クライアントと顧問契約を結んで（口約束で済ませることもあります）、取締役会や経営会議に出席してアドバイスをするという業務です。「非公式の社外取締役」と言えば、イメージが湧きやすいでしょう。

診断士の主要な業務の中で、顧問はシニア診断士にはダントツで人気です。これは、次の3つの理由によります。

- ☑ 受注の波が大きいコンサルティング業務と違って、安定した受注・収入を見込める。
- ☑ 人脈が広いシニア診断士は、若手よりも容易に顧問契約を獲得することができる。
- ☑ 月に数回の会議に出席する程度で、業務の負荷が小さい。

このように、シニア診断士にとって顧問は理想的な業務に見えます。しかし、飯田さんもそうだったように、現実はそんなに甘くありません。

まず、そんなに大きな顧問報酬を期待できません。5社以上の顧問先を持ち、顧問報酬だけで月100万円以上稼ぐというやり手もいますが、たいていの場合1社か2社で顧問をやり、月に数万円を得ている程度です。

シニア診断士は、飯田さんのように会社時代の知り合いや学生時代の友人が経営している会社に頼んで顧問をやらせてもらいます（依頼されるのではなく）。コネで頼み込んでやらせてもらっている顧問先から、そんなに高い金をいただくわけにはいきません。

また、安定しているといっても、5年・10年と顧問契約を続けるのはなかなか難しいことです。こちらが会社員生活から引退したように顧問先の経営者も引退するので、その時にはたいてい契約打ち切りになります。顧問先の経営状態が悪くなったら、顧問への報酬は「無駄な経費」ということで真っ先にコスト削減の対象になります。

顧問契約はあくまでオマケ

限られたコネの範囲では、顧問先がなかなか増えません。そこで、コネ以外の顧問先を開拓するために、飯田さんのように顧問紹介サイト（やエージェント）に登録することが考えられます。

私の知り合いにも、顧問紹介サイトに登録しているシニア診断士がたくさんいます。しかし、飯田さんが特殊ケースというわけではなく、サイトを通して顧問契約を獲得したというケースは皆無です。引き合いすら、ほとんどありません。

顧問紹介サイトは、「あなたの力をお貸しください」などとシニア診断士のプライドをくすぐって登録させようとします。ただ、登録しても顧問の案件を紹介されることはなく、大半が営業協力の案件です。営業協力とは、登録者に顧客を紹介してもらい、成約したら受注額の何%かを受け取るという紹介ビジネスです。

広い人脈を生かして営業協力で収入を得たいという場合はともかく、顧問を獲得する手段としては、顧問紹介サイトの効果は大いに疑問です。厳しい言い方になりますが、大半の顧問紹介サイトは「看板に偽りあり」です（上場企業の社外取締役を紹介するような業者は別です）。

診断士の中核業務は、やはりコンサルティングや研修です。コンサルティングや研修で良い仕事をしてクライアントから信頼を得ると、たまに「これで終わりではなく、継続的に指導してくれませんか」と、顧問への就任を依頼されることがあります。

つまり、顧問契約は、コンサルティングや研修でクライアントからの信頼を獲得した結果として付いてくるものです。シニア診断士は、「顧問はあくまでオマケ」「契約してもらえたら儲けもの」というくらいに考え、顧問契約を当てにして独立開業に踏み切るのはやめた方が良いでしょう。

CASE 04

資格予備校の人気講師になるも貧乏生活

［プロフィール］

氏　　名：安井保（仮名）
前　　職：専門商社
診断士登録：32歳
独立開業：33歳

キャリアの迷いから診断士を受験

安井保さんは、関東地方の私立大学経済学部を卒業し、素材系の専門商社F社に就職しました。アメリカに短期留学した経験もあり海外志向が強かった安井さんは、総合商社を希望しました。しかし、希望していた会社の選考に漏れ、同じ商社ということでF社に就職しました。

入社後、国内の支店に配属され、営業を担当しました。安井さんは元々営業に興味があったので、仕事は面白く、充実した毎日が続きました。４年後、本社に異動になり、営業企画や物流の仕事を担当しました。
入社6年目に結婚しました。結婚して数か月後のある日、奥様と「家を買おうか」という話になりました。軽い話し合いでしたが、話し終わって安井さんは、自分のキャリアについて考えました。

「家を買い、借金を抱え、子供を産み、転勤を拒否し、関東でずっと働き続ける……。ってことは、海外で働くこともなく、いまと同じ状態が定年まで延々と続くのか……」

思い立って社外のキャリアセミナーに参加したところ、講師が「若い人の場合、キャリアを固定的に考えず、能力を高め、色々な可能性を探ると良い」と力説していました。この話に感化された安井さんは、まずは能力アップに努めることが大切だと考え、以前から気になっていた診断士に挑戦することにしました。

教える仕事に興味が湧く

独学で診断士に合格するのは難しいと聞いていたので、安井さんは早速、資格予備校G社の1次対策通学講座を申し込みました。ここで、企業経営理論などの科目を担当する斉藤講師（仮名）と出会いました。
斉藤講師は、G社で人気ナンバーワンの講師です。無味乾燥なテキストの内容を、自身のコンサルティング経験の事例を盛り込みながら、明快にわかりやすく説明してくれました。

受講者も真剣そのもの。熱心に講義に耳を傾けて、講義終了後には斉藤講師を捕まえて疑問点を質問します。講義シリーズが終わって、斉藤講師に対し感謝の拍手が起こりました。

安井さんがそれまで会社内で受講した研修は、どれも退屈で仕方がありませんでした。斉藤講師の講義を体験して、「こういう世界もあるんだ!」と驚きました。と同時に、人にものを教えることの素晴らしさに触れ、講師業を次の仕事として意識するようになりました。

安井さんの受験勉強は順調に進みました。1次試験・2次試験ともストレートで合格し、翌年実務補修に参加し、32歳の時に診断士に登録しました。

講師業を目指して独立開業

診断士に登録した翌年のある日、同期入社で仲の良い桑原さん（仮名）から、「海外拠点に転勤するという内示をもらったよ」と聞かされました。

安井さんは、入社以来ずっと海外勤務の希望を上司や人事に伝えていました。ただ、輸入商社のF社は国内の事業が中心で海外拠点の駐在勤務者は少なく、自分は将来ずっと海外勤務はないだろうと半ば諦めていました。

それなのに、自分を差し置いて同期でしかも自分よりも英語力が劣る桑原さんが海外勤務になると知って、安井さんはF社にすっかり失望しました（既婚者の安井さんよりも独身の桑原さんの方が海外勤務させやすいという理由だったようですが)。

その翌日から、安井さんは本格的に転職活動を始めました。転職先として目指したのは、外資系企業と社会人教育関係の会社でした。社会人教育関係とは、研修を提供する教育団体やG社のような資格予備校です。

ところが、社会人教育関係では、正社員の講師の求人がまったく見あたりません。大半の教育団体・資格予備校は、講師を正社員としてはほとんど採用しない方針のようです。ただ、外部専門家と契約して講師に起用することは、幅広く行っているようでした。

安井さんは、外資系に絞って正社員として働くか、独立して契約講師として働くか迷いました。迷いを率直に奥様に打ち明けたところ、「あなたの好きにすれば」という言葉が返ってきました。この一言で安井さんは決意を固め、会社を辞めました。

契約講師をスタート

独立した安井さんは、早速、教育団体H社が契約講師を募集しているのを見つけて応募しました。書類審査と面接を経て、講師登録することができました。

安井さんは「よし、順調なスタートだぞ」と思いましたが、なかなかその後が続きません。H社から最初に声がかかったのは、3か月後。大手メーカーの新入社員研修でした。

Ｈ社では、その大手メーカーと長年取引をしており、新入社員研修は3名の講師で対応しています。そのうちの1名が事情により対応できなくなったため、安井さんに声が掛かりました。

安井さんは、Ｈ社が用意した標準プログラム・教材でコミュニケーションについて7時間の研修を実施しました。大きなトラブルもなく終えて、受講者アンケートの評価もまずまず良好でした。

しかし、Ｈ社で研修を担当したのはこの案件だけでした。そのあと1度だけ営業研修の引き合いがあり、プログラムを作って提案しましたが、受注できませんでした。これを最後に、引き合いなどＨ社からの連絡は途絶えました。

独立して半年が経って、新入社員研修以外の収入はほぼゼロ。失業手当もなくなり焦り始めたころ、かつて学んだＧ社が契約講師を募集していると聞きつけました。

早速、応募し、模擬講義と面接の採用試験を受けました。模擬講義では緊張してどもってしまい、「こりゃダメかな」と観念しましたが、無事に合格することができました。

契約し、導入研修を経て、2か月後から教壇に立ちました。1次試験対策コースの企業経営理論が担当です。

Ｇ社の講座担当者から「時間管理をしっかり」「あいまいな言い方でなく、しっかりと言い切るように」とアドバイスを受けていたので、安井さんは万端に準備し、アドバイスを守って講義をしました。

最初に担当したコースで、受講者アンケート結果は非常に良好でした。すると、その後のコースでは3

科目を任されるようになりました。さらに、隣県の別の校舎のコースも任されました。

G社の講師業務を始めた翌年、安井さんは毎週4～8コマを担当する人気講師になりました（1コマ約1時間）。SNSでも時おり「安井先生の講義は素晴らしい！」という称賛を見かけるようになりました。

コンサルティング業務は広がらず

こうして資格予備校の講師として確固たる地位を築いた安井さんですが、収入は伸び悩みました。講師料の単価が安かったからです。講師料は1コマ1万円足らずで、月収は20万円に達しません。

奥様が働いているので生活に困るというわけではありませんが、奥様よりもはるかに収入が低い状態が続き、徐々に風当たりが強くなってきました。

そこで安井さんは、研修講師業務を広げようと、営業研修などの新しいプログラムを作ってH社に提案しました。「たしかに受領しました」という以外に反応がないので、H社のことをあきらめました。

別の大手教育団体が契約講師を募集していたので、応募しました。しかし、模擬講義などの試験を受けた結果、今回は不合格でした。

コンサルティング業務を広げようと、手始めに中小企業診断協会に入会しました。しかし、傘下の研究会は平日夜か土日の開催で、その時間に資格予備校の仕事をしている安井さんは、ほとんど参加できていません。診断士や企業のネットワークは広がらず、コンサルティング業務もまったく受注できていません。

独立開業から4年経って、安井さんの年収は200万円台前半。退職前の500万円台から半減してしまいました。奥様とは独立開業時に「2年やってダメだったら再就職する」と約束したのですが、今も資格予備校の講師を続けています。

＊＊＊＊＊＊＊＊＊＊＊＊＊＊＊＊＊＊＊＊＊＊＊＊＊＊＊＊＊＊＊

【解説】

講師業務は重要な収入源

診断士というと、中小企業経営者にひざ詰めで経営指導をしている姿をイメージするかもしれません。ただ、安井さんのように、講師業務を中心に活動する診断士もたくさんいます。

講師業務には、次のような登壇の機会があります。

① 企業研修
② セミナー・講演
③ 資格予備校

このうちここでは、③資格予備校を紹介しましょう。（①企業研修については68〜78ページ、②セミナー・講演について78〜80ページ参照）。

診断士は、2000年以降、受験者数が増えて難易度が急激に上がりました。それにしたがって、受験対策のプロである資格予備校の存在感が高まっています。合格者の過半数が資格予備校で受験勉強をしていると言われます。

多くの診断士にとって資格予備校の講師は、人生で最初に本格的に接する診断士です。安井さんのように、講師に魅入られ、独立開業して資格予備校の講師を目指すという診断士がいます。

資格予備校には正社員の講師は少なく（教材作成部門には診断士の正社員がいます）、外部の契約講師がほとんどです。以前は診断士の業界で名の通ったベテランのコンサルタントが講師を務めることがありましたが、近年は30代・40代と若く、コンサルティング業務の経験がない（浅い）講師が増えています。

これは、①限られたベテラン講師では増大する需要に対応できない、②受験テクニックが重要で、大昔に受験・合格したベテラン講師よりも受験・合格から間もない講師の方が受講者の受けが良い、③若い講師の方が安い講師料を受け入れられやすい、といった理由によります。

したがって、安井さんやケース1の月岡さんのように、独立開業して間もない診断士が資格予備校の契約講師として活躍するチャンスは大いにあると言えます。

採用試験の意外なポイント

ただ、チャンスは大いにあるといっても、希望すれば誰でも講師契約できるというわけではありません。採用試験という関門を突破する必要があります。

採用試験は、模擬講義や面接などです。

資格予備校側がとくに重視しているのが、模擬講義です。模擬講義とは、たとえば「(財務会計の)減価償却費の箇所を15分間で講義してください」という具合に、1次試験の講座のうち一部分を試験官に向かって講義します。

合否の基準は不明ですが、試験官は「説明スキル（時間管理を含む）」と「基本知識」を評価しているようです。

「説明スキル」が重要だというのは当然として、すでに診断士試験を突破した応募者の「基本知識」を評価するというのは、どういうことでしょうか。

読者の皆さんも、他人からあることを説明された時、文字としては同じことを説明されても、話し手が「本質を深く理解しているな」とか「もっともらしく説明してるけど、表面的だな」と、違った感じ方をしたことがありませんか。資格予備校の試験官は、模擬講義を聞いて、前者か後者かを評価しているのです。

面接は、世間の就職・転職の採用面接とほぼ同じです。人間性や講師としての適性を見ています。ここで興味深い面接こぼれ話を1つ。

ケース1の月岡さんは、模擬講義の後に行われて面接で、面接官から「ところで月岡さんは、さきほどの模擬講義（15分間）の準備にどれくらい時間をかけましたか?」と聞かれました。

月岡さんは、正直に「20分です」と答えました。そして合格しました。後日、月岡さんがその面接官に確認したところ、「2時間かけて準備をしました」とか「徹夜で準備しました」と答えた人は全員不合格にしたそうです。その心は次のとおりです。

「実際に講師になったら、次から次へと授業が入るようになります。15分の講義に1時間も2時間もかけていたら、すぐにパンクしてしまいます。せいぜい30分くらいやってもらわないと困ります。あと、無能な人ほど気合と根性をアピールします。『徹夜で頑張りました』というのはまさに無能の証明で、さっさと不合格にしています」

資格予備校の講師で成功するのは困難

では、講師登録をしたら、商業的に成功できるのでしょうか。

同じ講師業でも研修講師は案件ベースなので、安井さんのように教育団体に講師登録しても、なかなか仕事の依頼がありません。それに対し資格予備校の講師は、すでにコースが開設されているので、講師登録をしたら仕事が確実に入ってきます。

講義をしたら、科目の終わりなどの節目で受講者アンケートがあり、講師が評価されます。評価が高いと担当するコース・科目・コマ数が増えていきます。そして、うまく行けば人気講師になることができます。

ただ、安井さんのように人気講師になっても、会社勤務時代の年収を大きく上回るのは困難です。

まず稼働数は、1コマ1時間の講義を週15コマ担当するのがマックスです。診断士講座の受講者は社会人が中心で、平日夜と土日しか講義がないからです。実際は、専業の人気講師でも週10コマくらいしか稼働していません。そして、講師料も1時間あたり1万円以下というケースが多く、企業研修の講師などに比べて激安です。

つまり、週10コマ担当し、1コマ1万円として、週に10万円。年間52週フルに稼働しても約500万円です。超人気講師といってもその程度で、大半の講師が年収300万円未満でしょう（社員講師ならもっと多いと思われます）。

受験予備校は、もともと講師料のコストを抑えるために正社員を極力採用せず、外部講師を起用しています。受験予備校の契約講師を本業にして商業的に成功しようというのは、根本的に無理があるのです。

二刀流は実現しない

受験予備校の講師だけだと、人気講師になっても生活していくのがやっと。収入を増やしたいなら、それ以外の業務を開拓する必要があります。

安井さんもケース1の月岡さんも、平日夜と土日は資格予備校の講師をして、平日の昼間は研修やコンサルティングをするという「二刀流」を目論みました。しかし、捕らぬ狸の皮算用でした。私の知る限り、「二刀流」に成功した受験予備校講師は皆無です（自称「診断士界の大谷翔平」はたまにいます）。

なぜ二刀流が実現しないのでしょうか。それは、資格予備校の講師と研修講師・コンサルタントは、人に向かってしゃべるという点では共通していますが、水と油といっていいくらい性質が異なるからです。

資格予備校の講師は、安井さんがG社の講座担当者から要求されたように、受講者に対し「ここが絶対に試験に出ます」「これがマーケティングリサーチの鉄則です」と言い切ります。

もしも「ここは重要ですが、試験に出るかどうかは不確かです」「いろんな見方があります」

という言い方をすると、「どこが試験に出るのかちゃんと教えてくれなかった」と最悪の評価になってしまうからです。

資格予備校の講師の仕事を続けていると、この一方的に言い切るしゃべり方が板に付いてしまいます。本人が気を付けても、見る人が見れば「このしゃべり方は資格予備校の講師だな」とわかります。

しかし、実際の企業経営では、いろいろなやり方があり、絶対の正解はありません。コンサルタントの役割は、クライアントの企業経営者に正解を教えるのではなく、その会社の実情に合った答えを経営者と一緒に考えることです。まさにクライアントがコンサルタントに相談する(consult)のです。

コンサルタントからクライアントの事情にお構いなく一方的に「御社は財務リストラクチャリングをするべきです」「そのやり方は不正解です」と言われると、経営者は「何もわかっていないくせに、よくそこまで言い切ることができるな」と拒否反応を示します。これが、資格予備校の講師がコンサルティングでうまく行かない理由です。

研修も同じです。一方的に伝える研修がないわけではありませんが、たいていの場合、講師が企業の教育担当者と相談してプログラムを作ります。研修の場では、受講者の反応や理解度を確かめて、軌道修正しながらインタラクティブに進めます。

教えるという点では、予備校の授業も研修も同じように見えます。しかし、一方的に受講者に伝えるか、受講者と一緒に考えるか、という点において、両者には根本的な違いがあります。

ある大手教育団体で契約講師の採用の担当をしているI氏は、「契約講師を募集すると、診断士から多数の応募をいただきますが、受験予備校での講師経験が長い方はお断りしています」と言います。「(研修では) 一方的に伝えるしゃべり方だと、受講者の反発を招くから」だそうです。

失敗しても会社員に戻らない理由

ところで、安井さんは、独立開業時に奥様と「2年やってみてダメだったら再就職する」と約束しました。しかし、約束を反故にして、現在も低収入の講師生活を続けています。

安井さんだけでなく、独立開業して商業的に失敗しても、再就職しないというプロコンがたくさんいます。生活に余裕がある高齢の年金診断士はともかく、その気になれば再就職できそうな若手・中堅でも、貧乏生活を続けているケースをよく見受けます(もちろん、さっさと見切りをつけて再就職する人もいます)。

独立開業に失敗したのに、なぜあきらめて再就職しないのでしょうか。事情はもちろん人それぞれですが、独立開業の直後に「収入ゼロ」という極限状態を経験したことが大きいと思います。

大成功した企業経営者や有名人がコンサルタントに転身するといった特殊なケースを除いて、

たいていのプロコンは、独立開業の直後は無収入か、生活できないレベルの低収入です。そして、無収入・低収入の状態が数か月、あるいは1年以上続きます。

将来大きな収入が確実に見込めるなら、収入ゼロでも「いい充電期間かな」と思えます。しかし、プロコンの場合、将来収入が入ってくるかどうか、まったく不確かです。そのため、かなり精神的にタフな人でも「ずっとこの状態が続いて、俺は家族ともども野垂れ死にするのかな」と命の危険を感じます。私もそうでした。

収入ゼロの状態を経験した後、クライアントを獲得し収入を得ると、「ああ、これで俺も死なずに済んだ」と安堵します。たとえその収入が微々たる額でも、「自分はコンサルタントとして人から認められたんだ」と実感します。

その後、順調に受注が増えたとしても、会社勤務時代の年収を上回るのは容易なことではありません。多くのプロコンが安井さんのように「500万円→0円→200万円（その後もずっと）」といった推移をします。

世間の人は、収入ゼロの飢餓状態を知らないので、「500万円→200万円」と捉えます。「年収500万円あった安井さんが200万円に激減し、まったく可哀想に」「どうして会社員に戻らないの？　アホですか？」と思います。

しかし、収入ゼロの恐怖を体験した本人は、「0円」が強力な心理的なアンカーになり、「0円

↓200万円」と現状を認識します。「最悪の状態を脱し、ビジネスは上向きだ。この調子で頑張ろう」と考えます。

しかも、独立開業する人の多くは、組織の中で上司に命令されて仕事をすることを良しとしていません。良い言い方をすると「一匹狼」、悪い言い方をすると「組織不適合者」で、会社員生活に戻るより、我慢できる程度の貧乏ならひとりで働くことを好みます。これが、独立開業に失敗してもなかなか会社員に戻らない理由です。

CASE 05

即戦力の社内講師が即、戦力外に

人事部門でキャリアを積む

田辺健一郎さんは、関西の私立大学法学部を卒業し、大手電機メーカー、J社に就職しました。

最初、営業部門に配属され、法人営業を3年間担当しました。J社では、事務系の若手社員を2～4年でローテーションする仕組みです。田辺さんは人と会って話すのが好きなので、営業の仕事が合っていました。しかし、「色んな仕事を経験するのもいいかな」と考え、人事部門を希望し、異動しました。

［プロフィール］

氏　　名：田辺健一郎（仮名）
前　　職：電機メーカー
診断士登録：37歳
独立開業：46歳

人事部門では、最初、国内工場で労務管理を担当し、その後、本社の採用グループに異動になり、採用とのつながりで教育グループの業務を兼務するようになりました。

入社して9年目（32歳）、グループの教育子会社に出向になりました。J社では、社員向けの様々な研修を本体の教育部門が企画し、教育子会社が準備・運営するという役割分担をしています。

J社グループの研修は、新入社員・中堅社員・管理職と続く階層別と問題解決・コミュニケーションといったテーマ別の2つです。大半の研修では、教育団体（研修会社）から派遣される外部講師が担当しますが、階層別では一部を社内講師が担当します。

田辺さんは、最初の年、研修運営を担当しました。研修の告知・受講者の募集・講師との調整・資料の印刷・会場の準備・立ち合い（当日のサポート）といった業務です。

そして2年目からは、運営業務に加えて、営業と講師業務も兼任するようになりました。営業というのは、本体以外のグループ各社の教育担当者を訪問し、研修ニーズを確認し、研修実施を勧めるというものです。

講師業務がメインに

田辺さんが講師業務を最初に担当したのは、新入社員のフォローアップ研修でした。J社では、新入社員にまず3週間の導入研修を実施し、職場に配属してOJTで業務を習得してもらい、半年後、1日半のフォローアップ研修を実施しています。

フォローアップ研修では、受講者に入社後半年間の活動や学習を振り返ってもらい、講師が受講者から仕事の進め方や人間関係などの悩みを聞き、アドバイスをします。最終的に受講者に今後の目標・行動計画を作ってもらいます。

受講者は、研修の序盤は「順調です」「しっかり頑張っています」と余所行きなことを言っていました。しかし、田辺さんが新入社員の時に仕事でミスをした失敗談を話すと、受講者は「仕事を覚えられず、取り残されていると感じます」「職場のメンバーとの人間関係が悪く、会社に行くのが苦痛です」などと悩みを訴えました。

田辺さんは、ひとりひとりの悩みを聞き、一緒に原因と対策を考え、丁寧にアドバイスしました。研修後、複数の受講者から「よし、頑張ろうと思いました」「気持ちが吹っ切れました。ありがとうございます」という言葉をもらいました。

このフォローアップ研修で、人と本音で向き合い、人を良い方向へ変容させるという経験をして、田辺さんは「研修って、本当に素晴らしい仕事だな」と思いました。

その後、新入社員だけでなく中堅社員への階層別研修も任されるようになりました。J社では、研修終了時に受講者にアンケートをし、講座や講師の良し悪しを評価します。田辺さんの評価は非常に高く、担当する講座数は増えていきました。

田辺さんの講師としての評価が上がるにつれて、運営・営業・講師という3つの業務のバランスは、講師が主体に変わっていきました。

1年目：運営10・営業0・講師0
2年目：運営5・営業3・講師2
3年目：運営5・営業1・講師4
4年目：運営3・営業0・講師7

4年目、36歳のとき、田辺さんは診断士を受験しました。職場のマネジメントの研修を担当するようになったので、講座の準備で勉強するついでに気軽に受験しました。

受験予備校には通わず独学で、しかも自宅で過去問を解いた程度ですが、1次試験・2次試験ともストレートで合格しました。日ごろから診断士の受験科目に近いテーマの研修の運営をして「門前の小僧」状態だったので、日常業務がほぼそのまま受験対策になりました。田辺さんにとって診断士試験は楽勝でした。

俺でも簡単にプロになれそう

教育子会社に出向でやってきて5年が経ち、会社から本体の人事部門に戻るかどうか打診されました。

しかし、田辺さんはずっと講師業務を続けたいと考え、会社と相談し、教育子会社に転籍することにしました。

講師業務は順調で、コミュニケーションなどのテーマ別研修も任されるようになりました。こうして田辺さんは、社内講師の中ではエース的存在になりました。

田辺さんは、運営業務で多数の外部講師と接しました。教育団体から派遣される外部講師は、教育団体の正社員というケースは少なく、契約講師が主体です。そして、マネジメント系のテーマでは、契約講師の多くが診断士資格を持っていました。

講師もしている田辺さんの目から見て、「スゴイ!」と思う講師もいるにはいました。しかし、大半は教え方が稚拙で、学級崩壊に近い状態になることもしばしばでした。田辺さんは、教室の後ろで運営をしていて、「もっとこういう風に教えればいいのに」「俺が代わりに教えてあげたいな」と思いました。

J社では、受講者アンケートの平均点が5点満点で4点に満たなかったら、講師はクビになる仕組みです。実際に毎年、外部講師の2〜3割が点数不足でクビになっていました。

田辺さんは、これまで担当した数々の研修で4点未満になったことはありませんでした。「プロの研修講師といっても、全然大したことないな」「俺でも簡単にプロになれそうだ」と思うようになりました。

外部講師と懇意になったので、何人かに聞いてみたところ、人気講師は年収1500万円を軽く超えるそうです。当時の田辺さんの年収約700万円の倍以上なので、「独立してやってみるのもありかな」と思うようになりました。

早期退職募集を機に独立開業

田辺さんは、教育子会社に来て7年目の39歳で管理職に昇進しました。最初は部下なしだったので、仕事はそれまでと変わりませんでした。しかし、次の年から部下を持ち、若手の講師の管理・教育を任されるようになりました。徐々にマネジメントの業務が増え、講師として登壇する機会が減っていきました。

43歳のとき、部門長である上司とのキャリア面談で、高いポジションでマネジメント業務に専念するか、今のポジションで講師業務を続けるか、希望を聞かれました。田辺さんは迷わず「講師業務を続けたい」と答えました。

ただ、その後も講師業務は少しずつ減り、他の講師では手が足りないときに登壇するという役割になりました。田辺さんは、「残りの会社員人生を管理職として過ごすことで本当に良いのか」とキャリアについて悶々と悩みました。

46歳のとき、J社が早期退職を募集しました。一定以上の年齢の正社員を対象に、割増退職金を支給して依願退職者を募るという制度です。これで踏ん切りがついた田辺さんは、応募して退職しました。

奥様には事前に相談しました。田辺さんが「引き続きJ社の研修を担当するので収入は下がらない。他社の仕事も受けるので、むしろ増えるはず」と説明したところ、奥様は「好きにすれば」という返事でした。

順調なスタートだが外部には広がらず

退職を決めて、田辺さんは、まず会社を設立しました。J社の教育子会社では、基本的に法人企業としか取引しない方針だったからです。業務委託契約を結び、それまで担当していた階層別研修など6件を引き続き担当しました。

初仕事は、J社の管理職へのマネジメント研修でした。2日間の研修を実施し、講師料は約40万円。これが田辺さんの独立開業後、初めての仕事・報酬でした。以前からやっていた研修で、契約形態が変わっただけで、とくに感慨はありませんでした。

続いて、J社のグループ会社2社からコミュニケーション研修を新規に受注しました。独立開業する前から、この2社を始めグループ各社の教育担当者に営業をかけていた成果です。

J社グループ以外も顧客開拓しようと、以前から付き合いのあった教育団体K社に契約講師の登録を依頼しました。K社では、応募者が選抜試験を受けて合格したら登録できる仕組みですが、田辺さんは無試験で、簡単な面接だけで登録することができました。

しかし、K社からは登録の通知が来たのを最後に、まったく連絡がありません。後で知ったところ、K社は、J社との関係を悪化させないためにJ社出身の田辺さんを講師登録しただけで、実際に講師として起用するつもりはなかったようです。

独立開業の直後、以前から付き合いのあった営業エージェントに挨拶したところ、「是非とも研修をお願いします」と言われました。しかし、案件の引き合いがあったのは1度だけでした。マネジメント研修を提案しましたが、客先とのニーズが合わず、受注には至りませんでした。

独立開業の1年目、毎月のようにJ社関係の研修業務があり、600万円の収入を確保することができました。独立開業前の約1千万円からは減収でしたが、知り合いの診断士から「最初の1年間はほぼ収入ゼロだよ」と言われていたので、田辺さんは「まずは順調なスタートだ」と思いました。

2年目から急失速

ところが2年目になってJ社関係の業務が減り始めました。田辺さんがリピートを打診しても断られることが続きました。相手側の「今年は予算がない」「受講対象となる社員が少ない」といった事情によるものでしたが、ショックだったのはJ社の若手社員向けのキャリア研修です。

田辺さんは、この研修を長く担当していてました。勝手知ったる研修で、独立開業1年目に登壇した時も、いつも通り充実した研修になりました。と思っていたのですが、受講者アンケートの評点がかなり悪く、J社では田辺さんをこの講座の担当から外すという判断をしたようです。

J社関係以外の顧客開拓は、たまに親戚や知人から依頼される程度で、あまり進みませんでした。1年目には営業エージェントから声がかかることがありましたが、2年目からは音沙汰なしになりました。

教育団体の方も、K社からは相変わらず音沙汰がありません。「これはまずい」と、別の教育団体の契約講師の募集があったので応募しました。今回は、模擬講義などの選考試験があり、不合格でした。

3年目になると、以前から懇意にしていたJ社の教育担当者が他部門に転勤になり、新たな引き合いはなくなり、リピート案件もさらに減りました。そして4年目には、J社関係の仕事はほぼゼロになりました。

明るい話は、診断士関係で、産業振興センターや商工会議所といった公的支援機関からのセミナーの依頼が増えてきたことです。ただ、公的機関のセミナーは、講師料が3時間講義して3万円など安く、収入源にはなりませんでした。

田辺さんの収入は、初年度は600万円で、これが独立開業後のピークでした。その後は年々減少し、4年たったいまは約250万円です。

3年目を迎えた頃から奥様が「そろそろどこかに再就職したらどう?」と言うようになりました。最近、そのプレッシャーが強まっています。いま、田辺さんは、このまま講師業を続けるべきかどうか悩んでいます。

＊＊＊＊＊＊＊＊＊＊＊＊＊＊＊＊＊＊＊＊＊＊＊＊＊

【解説】

企業研修は有望市場

研修講師業務は、コンサルティング業務と並んでプロコンの主要な業務です。

近年、企業研修のニーズが広がっています。一昔前まで、企業内で研修を実施するのは大企業に限られていましたが、中堅・中小企業でも研修で人材育成に取り組むケースが増えています。

とくに今、リスキリングの流れを受けて、DXやオンライン営業といったテーマで研修をできる診断士は、引く手あまたです。コミュニケーションやリーダーシップといった定番のテーマも、研修の需要は旺盛です。

研修講師業務では、診断士が会社勤務で培ったスキルをダイレクトに活用することができます。また、コンサルティング業務と違って、誰でも実際に研修を受講したことがあるのでイメージしやすく、OJTで部下に教えることを経験しているので「俺にもできそう」という気がします。

ただし、他の診断士も「俺にもできそう」と考えているわけで、新規参入が多く、競争は熾烈です。自称「研修講師」はたくさんいますが、現実には知り合いが経営している会社から依頼されて年に数回、春先に階層別研修（新入社員や昇格者を対象にした研修）を担当する程度という「季節労働者」が大半です。

研修講師として成功する一握りの診断士と大半の失敗する診断士では、何が違うのでしょうか。

金ぴかキャリアの即戦力だが

本ケースの田辺さんは、会社勤務時代に研修講師を担当しました。また、業務を通して自然に教育団体などとのネットワークを構築することができました。独立して講師として活動する上で、これ以上にない有利な条件を備えているように見えます。しかし、こうした金ぴかキャリアの即戦力でも、成功するとは限りません。

私はよく、独立開業して研修講師になることを希望する診断士から相談を受けます。未知の世界に飛び込むというケースが多いですが、たまに田辺さんのような金ぴかキャリアの即戦力の方もいます。

私に相談に来る即戦力は、たいてい自信満々です。「社内講師として年間100日以上登壇した」「受講満足度（のアンケート）は5点満点で常に平均4点以上だった」と、自分の実績・能力を強調します。

中にはプロの講師である私に向かって、「これまで外部講師をたくさん見てきたが、私よりも教え方がうまいと思った講師に出会ったことがない」「一応、プロの方のご意見も参考までに確認しておきたいと思いまして」と可愛くないことを言う人もいます。

ただ、よく聞いてみると、100日稼働といっても、新入社員研修や昇格者研修のような長年会社で実施してきた定型化されたプログラムで、会社が企画・募集などすべてお膳立てし、社員が必須受講という研修ばかりだったりします。

また、受講満足度が高いといっても、アンケートが記名式で、受講者は人事部門を相手に面と向かって低い評価を付けにくかったりします。田辺さんの独立開業後のキャリア研修での失敗も、これに当てはまるでしょう。

研修講師業務で難しいのは、①研修案件を受注する、②受講者を集める、③受講者に満足してもらう、の3つです。とりわけ独立開業した診断士にとって、①受注が大きな関門です。どれだけ講師経験が豊富といっても、この3つの関門をくぐってない社内講師は、プロの私から見てまったく鍛えられていません。

つまり田辺さんのような即戦力も、本当の意味では即戦力ではなく、独立開業してもそのままでは通用しないのです。

即戦力もずぶの素人も成功確率は大差ない

一見、即戦力だった田辺さんですが、プロとして活躍するためには、営業の方法、顧客のニーズに合わせてプログラムを作る方法、研修運営の方法などを改めて学習する必要がありました。

企業の経営環境はどんどん変化しています。市場・顧客・競合・技術が変わり、企業は色々な問題・課題に直面するようになっています。それに伴い、企業の研修ニーズも高度化・多様化しています。WEBベースの研修やアクションラーニング（体験型の研修）など研修技法も進化しています。

そのため研修講師が持っている知識・スキルは、放っておくとどんどん陳腐化します。一度学習したらお終いではなく、継続的に学習し、アップデートし続ける必要があります。研修講師ほどリスキリング（学び直し）が要求される職業はありません。

ところが、経験・実績が豊富でプライドが高い即戦力の人ほど、「そんなことわかってるよ」「いまさら学習なんて」ということで、過去を否定してゼロから学習しようとしません。そのためスタートダッシュには成功しても、やがてマーケットの変化についていけなくなり、現役時代のコネも効果が薄れて、尻すぼみになっていくのです。

つまり、経験やスキルよりも、継続的に学習して進化することが、独立開業して成功するためのカギなのです。これは、研修講師だけでなく、コンサルタントでも同様です（大切なことなので、141ページで改めて説明します）。

田辺さんのような即戦力でも成功できないなら、「ずぶの素人の俺には無理かな」と考えがちです。しかし、そうとは限りません。独立開業の時点ではまったく講師経験がないずぶの素人でも、必死に学習してスキルを獲得し、経験を重ねて、大成功している診断士がたくさんいます。

私はこれまで多くの研修講師を見てきましたが、田辺さんのような即戦力もずぶの素人も、成功確率に大きな差はありません。100でスタートし、80→60→40と下がっていく即戦力よりも、ゼロでスタートして、20→40→60と上がっていくずぶの素人の方が、むしろ長い目で見て有望かもしれません。

3つの活動スタイル

一口に研修講師と言っても実に多種多様で、色々な活動の仕方があります。受注の仕方から、次のような活動スタイルに分類できます。

スタイル1：自分で営業し直接受注
スタイル2：営業エージェントに営業を委託
スタイル3：教育団体と委託講師契約

ここでスタイル2の営業エージェントもスタイル3の教育団体も、研修というサービスを売るという点では同じです。しかし、明確な違いがあります。

・教育団体は、研修講師と委託講師契約を交わし、継続的に取引します。一方、営業エージェントは売ることに特化し、個々の案件ベースで研修講師と取引します。
・教育団体は定型化されたプログラムや教材を持っています。一方、営業エージェントは、講師がプログラムや教材を作ります。
・教育団体は、契約した講師向けに養成プログラムを展開します。一方、営業エージェントには講師養成プログラムはなく、即戦力の講師を起用します（講師登録の条件として講師養成セミナーを受講してもらうことはあります）。

各スタイルのメリット・デメリットは、次ページの図表2・3・4のとおりです。

実際には、どれか1つというわけでなく、田辺さんのように、2つ、3つを組み合わせて活動している研修講師が多いようです。

＜図表2　自分で営業＞

メリット	デメリット
・自分に合った案件を受注できる ・受注単価が高い（手数料を抜かれない） ・市場での認知度が向上する	・顧客が広がりにくい ・営業やすり合わせに時間・手間がかかる ・日常のプロモーションが必要

＜図表3　営業エージェントに営業を委託＞

メリット	デメリット
・顧客が広がる ・講師業務に専念できる	・受注単価が低い（手数料を抜かれる） ・自分に合わない案件が増える ・営業エージェントとの関係づくりが必要

＜図表4　教育団体と委託講師契約＞

メリット	デメリット
・顧客が広がる、顧客の質が高い ・講師業務に専念できる ・講師のスキルが上がる（養成研修がある）	・受注単価が低い（手数料を抜かれる） ・自分に合わない案件が増える ・教育団体の担当者との関係づくりが必要

収入が多いのは、少ないのは？

3つのスタイルで、収入はどう違うのでしょうか。もちろんケースバイケースですが、平均の収入金額が低い順から次のようになります。

スタイル1（自分で営業）→スタイル2（営業エージェント）→スタイル3（教育団体）

これは主に、スタイル1（自分で営業）＝中小企業、スタイル3（教育団体）＝大企業、というクライアントの企業規模の違いによるものです。

中小企業では、経営者が知り合いの診断士に研修講師をお願いするということがよくあります。それに対し、従業員数の多い大企業では、たとえば新入社員研修では同時期に5本とか10本とか多数のクラスを実施する必要があり、多数の講師を揃える対応力という点で、教育団体に委託することになります。

研修の受注件数は、従業員数が少ない中小企業では、どうしても少なくなります。

一方、大企業では、同じ研修の実施本数が多いというだけでなく、部門のヨコ展開や階層のタテ展開をすることができます。ある事業部門で問題解決研修を実施したら好評だったので、別の事業部門でも実施するという具合です。

なお、同じ研修をリピートする確率は、中小企業の方が高いでしょう。中小企業は、経営者も教育担当者もあまり変わらないのに対し、大企業では数年おきに人事異動で担当者が変わり、それを機に研修やその講師を見直すことがあるからです。

講師料は、スタイル1なら中間マージンがありませんが、中小企業は支払い能力が低いので、どうしても低価格になります。大企業では、教育団体に半分以上マージンを取られますが、企業から支払われる元々の講師料単価が高いので、中小企業の直接受注と同程度になります。

このように、主に研修の受注件数の違いから、教育団体を通して大企業の案件を受注した方が、収入では有利になります。

もちろん、収入的にベストなのは、大企業から直接受注することです。難易度は高いですが、決して不可能ではありません。大企業から直接受注する方法については、第2部で紹介します（150～158ページ参照）。

つまり、研修講師として商業的に成功するには、直接受注するにせよ教育団体を通すにせよ、大企業の研修を受注するのが必須ということになります。もちろん、収入だけでなく、やりがい・社会貢献といった職業動機もあり、「中小企業の研修には意味がない」ということではありません。

教育団体との契約

教育団体（研修会社のことですが、民間企業だけでなく学校法人なども研修ビジネスに参入しているので教育団体という呼び方をよくします）との契約について紹介しましょう。

日本には大小様々な教育団体があり、研修業界では大きな存在感があります。ビジネスコンサルタント、日本能率協会、産業能率大学、グロービス、リクルート、インソースなどが有名です。

大企業で研修講師を担当したいなら、教育団体と講師契約をするのが近道です。教育団体は公式・非公式に契約講師を募集しています。教育団体の特徴を調べて、自分の専門領域と合致した教育団体を選びましょう。教育団体の強みと自分の専門領域が合致していることが重要です。

大手の教育団体は、ビジネスのあらゆる領域で研修を展開しています。とはいえ、教育団体によって得意分野や注力している領域があります。

グロービスは経営人材育成が得意、産業能率大学は中間管理職のマネジメント研修が得意、インソースは若手のスキル研修が豊富という具合です。中小規模の教育団体になると、特定の業務や特定の業界に特化しているケースもあります。

診断士なら誰でも契約あるいは登録できるような教育団体もありますが、誰でも契約・登録できるということは登録者数が多く、田辺さんのように、登録したきりまったく案件の紹介がないということになりがちです。やはり、営業力やブランド力のある有力な教育団体と契約すると良いでしょう。

有力な教育団体と契約する診断士には、2つのパターンがあります。

1つは、すでに講師経験があったり、講師経験はなくても専門家としての実績がある場合、つまり即戦力です。即戦力は、かなり高齢でも、資格・学歴がなくても大丈夫です。

もう1つは、講師経験や専門家の実績はないものの、将来性が高い人材です。つまり、30代とか若く、診断士など難関資格やＭＢＡなど高学位を持っているハイスペック人材です。

田辺さんはＫ社に無試験で登録できましたが、有力な教育団体は選考試験を実施します。試験の内容は、資格予備校とほぼ同じです（51～52ページ参照）。近年、独立開業して研修講師を志望する診断士が増えており、選考試験の競争倍率はかなり上がっているようです。

セミナーを顧客開拓につなげる

ところで、研修と一見よく似ているのがセミナーです。

セミナーは、あるテーマについて大人数の前でしゃべるという点では研修と同じですが、個人が自発的に受講すること、短時間で一方通行であることなど、研修とは大きく違います。

プロコンがセミナー講師をするのは、多い順に次の3つのケースです。

①公的支援機関や民間のセミナー会社が開催するセミナーに登壇する。
②自身のコンサルティングなどの業務の宣伝のためにセミナーを開催する。
③自身が主たるビジネスとしてセミナーを開催する。

ここで「多い順」というのは、世の中の平均の話で、③セミナーを主たるビジネスとし、年間数百本のセミナーを開催し、数千万円の収入を獲得している診断士もいます。とくにここ数年、ウェビナーが普及したことや副業が解禁されたことを受けて、セミナービジネスを展開することが容易になり、③を目指す企業内診断士が増えています。

ただプロコンの世界では③はかなり少数で、プロコンの活動として大切なのは①と②です。商工会議所など公的支援機関が開催するセミナー（①）は、報酬が3～6万円と少額ですし、自身が広告宣伝のために開催するセミナー（②）は原則無料あるいはごく少額です。したがって、①と②は、大きな収入源にはなりません。

しかし、①と②によって、セミナーの受講者にコンサルタントとしての専門性や実績をアピールすることができます。受講者を適切にフォローすれば、長い目で見て顧客開拓につなげることができます。

田辺さんは、商工会議所などから依頼されてセミナー講師を担当したものの、その後の展開はありませんでした。公的支援機関が開催するセミナーには「タダだから参加するか」という受講者が多く、コンサルティングにまで発展するケースは少ないようです。

一方、ケース1の月岡さんは、2年目以降、会社勤務時代に経験した与信管理・中期経営計画策定・IRといったテーマのセミナーを企画し、それを大企業が集まる団体に売り込み、大企業を顧客開拓する突破口にしました。

セミナーを使って顧客開拓するには、自分の強みを棚卸しして、特定のテーマについて3時間しゃべれる状態にしておく（できれば資料も用意する）必要があります。3時間しゃべれるテーマを5つ持ち、それを適切な団体に売り込めば、プロコンとして成功する確率がかなり高まるでしょう。

CASE
06

コロナバブルも勢いは続かず

上司から診断士受験を勧められる

北関東L県に住む吉田良平さんは、L県の国立大学経済学部を卒業し、地元の地銀・L銀行に入社しました。自宅から通える地元企業というのが、L銀行を志望した動機でした。

最初、県内の支店に配属になり、3年間、営業を担当しました。次いで本部に異動し、法人営業を統括する部門、さらに5年目に審査部門に異動になりました。

入行5年目の27歳のとき、上司から診断士の受験を勧められました。L銀行は、リレーショ

[プロフィール]

氏　　　名：吉田良平（仮名）
前　　　職：金融機関
診断士登録：32歳
独立開業：35歳

ンシップバンキングを推進するために診断士を増やす必要に迫られていて、有望な若手行員に受験を勧めていました。

リレーションシップ・バンキング（リレバン）とは、金融機関が顧客と長期的な関係を構築することによって獲得、蓄積した情報をもとに、金融サービスを提供することです。金融庁は地域の金融機関の生き残りのためにリレバンを推奨しており、リレバンの担い手となる診断士の育成を各行に強く求めています。

吉田さんは、独学で受験勉強を始めました。1年目の1次試験は、7科目中2科目だけ合格という散々な結果でした。大学で経済学や経営学を学んだので「まあ大丈夫だろう」と高を括っていましたが、まったく準備不足でした。

独学ではとても合格は覚束ないと考え、受験予備校の1次試験対策講座を申し込みました。仕事を定時でさっさと終わらせて帰宅し、平日夜と週末をすべて使って勉強しました。そして翌年、2度目の受験で合格することができました。

L銀行には、1次試験に合格した行員を中小企業大学校の中小企業診断士養成課程（以下「養成課程」）に派遣する制度があります。学費や寮費など会社が負担する社費留学です。

中小企業大学校の養成課程は、1次試験の合格者に応募資格があり、事例に基づく「演習」と企業診断の「実習」を通じて半年間で学ぶというカリキュラムです。修了すれば診断士を取得することができます（入学者はほぼ100％修了し、診断士を取得します）。

吉田さんは、早速、派遣制度に応募し、行内の選考を通過し、中小企業大学校の選考試験に合格しました。休職扱いで、東京都にある中小企業大学校・東京校に入学し、大学校の寮に入り、奥様・長女と離れて勉強漬けの生活を始めました。

養成課程で世界が大きく広がる

入学後に行われたガイダンスで、診断士の講師から「皆さんの人生の中で最も充実した半年間になるでしょう。これからの人生を変える素晴らしい体験をしてください」と言われました。その時はあまりピンとこなかった吉田さんですが、少しずつ意図がわかってきました。

養成課程の授業は、ケースを使った「演習」で始まりました。経営戦略・財務といった科目ごとに、事前にケースを読んで、その企業の経営者になったつもりで改革プランをまとめ、当日はグループで討論します。そして、グループの回答を発表し、講師からロジックの弱さや実現性の乏しさなどを徹底的にダメ出しされます。吉田さんはL銀行で会議をたくさん経験しましたが、上司が一方的にしゃべるだけでした。受講者との喧々諤々の討論を通して、またダメ出しをする講師のロジックの鋭さに、「俺は今までまったく頭を使っていなかったな」と痛感しました。

演習で経営に関する基本・応用を学んだら、「実習」です。吉田さんは、食品スーパーや金型メーカーなどで実習をしました。実習先を訪問し、社長へのインタビューや社内の調査で経営の問題点を分析し、報告書にまとめて、社長にプレゼンテーションする、という流れです。吉田さんは、L銀行で営業担当として法人顧客と接する機会はありましたが、思えばお金（借入・資金繰り）の話をするだけでした。お金だけでなく企業の色々な側面を分析したことで、経営について興味が湧きました。

1社目のプレゼンテーションではグループ全員が徹夜で準備したのに社長から「その提案はまったく響きません」と言われて落ち込みました。しかし、4社目・5社目では「素晴らしい分析で勉強になりました」「是非やってみます」と社長から感謝の言葉をもらい、自分が大きく成長したことを実感できました。

吉田さんがさらに刺激を受けたのは、周りの受講者です。中小企業大学校の養成課程は、吉田さんのような全国の金融機関からの派遣者が、受講者の半数近くを占めています。

入学前まで吉田さんは、「資格さえ取れれば良い」と考えていました。しかし、自分を高め、人生を切り開くために真剣に演習・実習に取り組む他の受講者の姿を見て「ボーッとしている場合じゃないな」と自分のキャリアについて考えるようになりました。

こうして吉田さんは、「人生の中で最も充実した半年間」を過ごし、「これからの人生を変える素晴らしい体験」をし、6か月間の養成課程を終えて診断士になりました。

クラスメイトの活躍に刺激され独立開業

吉田さんは、L銀行に復職し、審査部門に配属されました。中小企業診大学校に行く前に所属していた職場で、メンバーも変わりませんが、6か月前とは風景がかなり違って見えました。

戻ってきた吉田さんは、L銀行の旧態依然としたビジネスが気になりました。「地域と共に発展する」という理念を掲げ、リレバンにも取り組んでいますが、実際には担保があったら貸す、なかったら貸さないという昔ながらのやり方を続けていました。

また、融資先の中小企業経営者から相談があっても、資金繰りのアドバイスをするのがせいぜいで、経営の話にはなりません。吉田さんは、L銀行、あるいは地銀というビジネスが本当に中小企業や地域経済の発展に貢献しているのかと疑問に思うようになりました。

吉田さんが復職した次の年、L銀行は大規模な経営合理化策に着手しました。地域人口の減少に伴い、L銀行の融資残高は頭打ちで、コスト削減やリストラを進めようというものです。管理職のポストは減り、給料も引き下げられました。

こうして吉田さんは、地銀のビジネスの将来性やそこで働くことに疑問を持ち、「このままL銀行に勤めていて良いのだろうか」と思い、転職を考えるようになりました。中小企業診断士養成課程のクラスメイトにこの気持ちを打ち明けると、同じような感想が多く聞かれました。

診断士になって3年経った35歳のとき、養成課程のクラスメイトだった名波さん（仮名）が独立開業したという話を聞きました。名波さんは中部地方の金融機関に勤務していましたが、昨年、地元で独立開業し、公的支援を中心に活躍しているということです。

吉田さんは養成課程で複数の講師から「有力企業が少ない地方では、プロコンが成功するのは難しい」と聞いていたので、興味が湧いて名波さんに連絡を取りました。

名波さんは、その講師の言葉を明確に否定しました。

「たしかに企業は少ないけど、地元で活動しているプロコンも少ないからね。とくに俺の地域だとプロコンといっても年金診断士ばかりで、現役世代のライバルはほとんどいない。最近、公的支援の案件がどんどん増えて、忙しくて手が回らないくらいだよ」

転職を考えていた吉田さんですが、この名波さんの言葉を聞いて「独立開業するのもありかな」と思いました。ただ、地方で安定した生活を続けるという点で、L銀行も捨てきれません。

それから1か月後、L銀行勤務継続・転職・独立開業の3つで迷う気持ちを、奥様に率直に伝えました。するど奥様は、「L銀行にとどまって、一生ウジウジ言うのを聞かされるのは、ちょっと勘弁してほしい」と言いました。この一言で吹っ切れた吉田さんは、早速、L銀行に退職届を出しました。

公的支援案件を着実に開拓

吉田さんは、税務署に開業届を出し、自宅を事務所にして開業しました。

手始めに、商工会議所・県の中小企業センター・よろず支援拠点・信用保証協会・市の産業振興課といった地域の公的機関に漏れなく挨拶に行き、専門家登録をさせてもらうようにお願いしました。

吉田さんの経験・実績が不足していることを理由に断られるケースもありましたが、大半は、「年度初めに公募している」「前任者の契約期間が満了したら募集する」「欠員が出たら随時募集する」「当面募集の予定はない」といった返事でした。

次に、中小企業診断協会のL県支部に入会し、傘下の研究会に参加しました。この研究会は、公的機関とつながりのあるプロコンの会員を中心に、公的支援案件を受注するために活動している組織です（研究会という名前は付いていますが）。

2か月後、この研究会が受注した公的支援の案件に参加しました。地元の工業団地の改善に関する調査事業で、吉田さんは、工業団地のインフラ関係の調査を担当しました。

工業団地は吉田さんにとって未知の世界でした。調査の中で、行政や進出企業の知恵・工夫や苦悩が見えてきて、発見の多い充実した仕事になりました。事前準備に2日、現場の調査に3日、報告書の作成などに3日、合計8日働いて、報酬は6万円でした。

その後、徐々に吉田さんの地元でのネットワークが広がり、資金調達・資金繰りに強みがあるコンサルタントという評価が浸透し始め、半年たった頃から、公的支援案件の引き合いが来るようになりました。

独立開業から1年以内に、L県の中小企業センターと信用保証協会で専門家登録をすることができました。

さらに、商工会議所からも不定期でセミナー講師を依頼されるようになりました。

吉田さんは、1年目を「種まき期間」と位置付けていました。そのため、収入は約500万円から100万円未満に激減したものの、プロコンとしての手ごたえを掴むことができ、納得の1年でした。

バブルは弾けたか？

2年目から吉田さんの仕事は目に見えて増えました。とりわけ、中小企業センターの担当者との関係が深まり、月3件以上のペースで専門家派遣の仕事が入ってくるようになりました。

専門家派遣をきっかけに、地域の中小企業との繋がりができ、吉田さんのもとには資金関係だけでなく、様々な相談が舞い込んでくるようになりました。相談への対応で、平日はほぼ毎日何かしら仕事をしている状態になりました。

しかし、専門家派遣は1件当たり3万円と安いこと、中小企業からの相談は無料あるいは低価格のものが多く、忙しくなった割には収入は伸び悩みました。年収約200万円と、1年目から倍増したものの、想定を大きく下回りました。

3年目の4月、新型コロナウイルス感染症（コロナ）の緊急事態宣言が発令され、専門家派遣が軒並み中断・中止になりました。収入が途絶えて肝を冷やしましたが、すぐにコロナ対策の案件が入ってきて、以前にも増して多忙になりました。

　また、ものづくり補助金の申請支援に挑戦し、無事に採択されました。報酬は50万円でした。これらを含めて年収は300万円を超えました。

　4年目、コロナ対策関係でさらに受注が増えました。この頃、吉田さんだけでなく、公的支援に携わる診断士はコロナ関連業務で大忙しで、月に休みが2～3日しか取れないという多忙な毎日が続きました。年間収入は500万円に達し、L銀行時代の年収を超えるのが見えてきました。

　ところが、5年目に事態が暗転します。コロナ禍が3年目に入って、国・地方自治体のコロナ対策が一段落し、コロナ関連の案件の引き合いが急減しました。コロナが終息すればいつかは減るだろうと思っていましたが、いざ減ると「このまま収入が減り続けるのかな」と急に不安になってきました。

　さらに、中小企業センターの専門家登録が任期満了で打ち切りになりました。たしかに登録は任期制ですが、周りには10年以上続けている専門家がたくさんおり、事実上、自動更新だと吉田さんは楽観していました。

　中小企業センターの担当者に打ち切りの理由を尋ねたところ、「任期満了としか申し上げられません」ということでした。

　こうして5年目、吉田さんの年収は300万円を下回りました。吉田さんは今、この先どう顧客開拓していこうか、そもそも公的支援を中心にした現在のやり方で良いのか、思案しているところです。

＊＊＊

【解説】

●窓口相談と専門家派遣

近年、吉田さんのように、独立開業して公的支援を中心に活動する地方在住の若手診断士が増えています。公的支援とは、国・地方自治体の中小企業への公的支援の導入を現場で実行する仕事です。

公的支援には、融資・助成金・補助金・経営指導・教育訓練などがあり、診断士の業務としては、①窓口相談、②専門家派遣の２つが代表的です。

①　窓口相談

多くの地域公的機関には、中小企業の経営者や起業家向けに相談窓口が設置されています。また国は全都道府県によろず支援拠点という相談窓口を設置しています。窓口相談とは、相談窓口で経営相談員（よろず支援拠点の場合は「コーディネーター」）として相談にあたる業務です。「毎週木曜日9時から17時まで」とか「毎週月曜日と金曜日の午後」という具合に定期的に業務を担当します。相談は無料で、経営相談員には公的機関から「1日3万円」など定額の報酬が支払われます。

地域公的機関の窓口相談には、色々な業種の中小企業が色々な困りごとの相談にやってきます。そのため経営相談員には、特定の業務や特定の業界に関する専門性よりも（あるに越したことはありませんが）、地域事情に明るく、ビジネス経験が豊富であることが要求されます。

よろず支援拠点の場合、分野ごとに多数のコーディネーターが登録しており、経営相談員よりは高い専門性が要求されます。

② 専門家派遣

公的機関に登録した専門家が、中小企業からの依頼に応じて、中小企業を訪問して経営指導・教育訓練などで経営課題を解決する業務です。

人事・財務・IT・ものづくり・営業など様々な分野の専門家が登録し、経営課題の内容に応じてアサインされます。専門家には、公的機関から「1回の訪問で5万円」という具合に定額の報酬が支払われます。

窓口相談で簡単な相談に対応、複雑・困難な課題には専門家派遣で対応、という役割分担をし、窓口相談で問題を解決できなかったら相談者に専門家派遣を勧める、というやり方をしている場合がよくあります。

そのため専門家には、担当分野での高度な専門性が要求されます。専門性を担保するため、関連資格の保有とその分野での業務経験が必要です。また、商工会議所や商工会の場合、小規模事業者支援法が規定する基礎講習・行政事務講習・事業継続力講習を受ける必要があります。

経営相談員・専門家の契約・登録

窓口相談と専門家派遣の受注と収入について見ていきましょう。

診断士が公的支援業務をする上で最初の関門は、公的機関に経営相談員・専門家として契約または登録することです。

窓口相談のうち経営相談員は、前任が退任したら後任を探すという欠員補充が基本です。そして、前任者が何か問題あってクビになった場合を除いて、彼・彼女が推薦する子飼いの後輩診断士に受け継がれます。コネです。

なお、経営相談員には色々な相談に対応できるビジネス経験が重要なため、吉田さんのような若手の診断士が起用されることはあまりありません。そのため、経営相談員は全国的にかなり高齢です。

よろず支援拠点のコーディネーターは、国の事業なので公募が基本です。ただ、コネがある方が有利に働くようです。

専門家派遣の専門家も、経営相談員ほどではないもののコネが重要です。公募で人材募集する場合でも、知的財産やＡＩといった特殊分野・先端分野の専門家を除いて、コネが決め手になります。

東京都中小企業振興公社のように常に数百人の専門家を確保している大規模な公的支援機関では、公募が中心になります。その場合でも、やはりコネがある方が有利です。

コネというとネガティブな印象を受けるかもしれませんが、そうとは限りません。国の金を使う公的機関には、大きな失敗が許されません。なので、コネを使って信頼できる専門家を探そうとします。

ある公的機関で新たに専門家が必要になったら、担当者はまず自分のネットワークの中で信頼できる人を探します。自分の目が一番確かです。自分のネットワークの中に適当な人がいないなら、次に自分が信頼している身近な専門家に「誰か良い先生はいませんか？」と相談します。

つまり、経営相談員や専門家に契約・登録するには、公的機関の担当者や経営相談員・登録専門家とコネを作るのが近道ということになります。

公的支援の受注

窓口相談の経営相談員になったら、週１日など定期的に勤務し、定額の収入が得られます。報酬は1日2〜5万円と些少ですが、決まった収入がずっと入ってくるのが魅力です。1年契約とか期限が決まっていても、相談者から大きなクレームが入ったりしない限り、ほぼ自動的に継続されます。

よろず支援拠点のコーディネーターの報酬は、1日2万5千円（消費税別、交通費込み）、半日なら半額の1万2500円という県が多いようです。こちらは1年契約で、更新されるとは限りません。

一方、専門家派遣は、案件にアサインされたら、中小企業を訪問して経営指導などを行います。1社に1回だけでなく、複数回になることもあります。報酬は、1回当たり2〜6万円です。ただし、専門家登録しても案件をアサインされるという保証はありません。登録したきり受注がゼロというケースもよくあります。

これは、失敗が許されない公的機関は、多数の登録専門家から実績重視で案件にアサインするからです。「新しく登録した山田先生はなかなか優秀そうだけど、やはり無難にいつもの鈴木先生にお願いしよう」という具合に、実績のある専門家に案件が集中します。

逆に、いったんその公的機関で実績を上げ、「この先生は素晴らしい！」という評価を得たら、かなり長期間にわたって安定的な取引が継続します。また、横のつながりで他の支援機関を紹介してもらえます。専門家派遣の受注を増やす方法については、158〜160ページで検討します。

公的支援というと、安定したビジネスという印象があるかもしれません。しかし、専門家同士の競争は激しく、優勝劣敗の差が非常に大きいというのは、民間業務と同じです。

吉田さんについては、①強力なコネがないのに専門家登録できた、②公的機関の中で順調に受注を増やすことができた、③実績を上げて評価を得たのに契約が打ち切りになった、という3点で、やや例外的な事例と言えるかもしれません。

公的支援の受注を広げるのは困難

公的支援で会社勤務時代を上回る大きな収入を上げることは可能でしょうか。

結論的には、極めて困難です。先述のように報酬単価が低い上、次のように受注件数を増やすのも難しいからです。

まず、多くの公的機関が「月8日まで」（宮城県よろず支援拠点）「年間100日まで」（埼玉県よろず支援拠点）などと稼働日数の上限を設けています。あまり稼働が増えて多忙になり、いい加減な「やっつけ仕事」をされては困るからです。

また、とくに地方の公的機関は、利益相反の問題を意識します。つまり、ある専門家が特定の地域で多数の支援をすると、甲社とライバルの乙社にそれぞれ競合対策をアドバイスするというケースが出てきてしまいます。

ここで「色々な公的機関に登録すれば受注件数を増やせるのではないか」と考える方がおられるかもしれません。実際に、公的機関は横のネットワークが強いので、ある地域の商工会議所で実績を作り、紹介を受けて別の地域の商工会議所でも活動するという人気者もいます。

ただし、そういう人気者になっても、やはり年間100日実稼働するのがせいぜいでしょう。専門家派遣の場合、報酬の対象となる実稼働の事前と事後に報酬の対象外の作業が発生するからです。

吉田さんは初仕事で、合計8日働きましたが、報酬の対象になったのは現場で調査した3日だけ。事前準備の2日と報告書の作成など3日は、報酬の対象外でした。もちろん、経験を積んで慣れてきたら、報酬の対象外の事前・事後の作業をかなり短縮できますが、ゼロになることはありません。

つまり、1つの案件に実稼働1日と事前・事後の作業で1日ずつ、合計3日かかるとすれば、1年間休みなく働いても120件（実稼働120日）が受注のマックス。実際には、実稼働100日ならかなりの人気者、大半が実稼働50日以下だと思います。

かなりの人気者になり、100日実稼働し1日5万円だとしても、年収は500万円（＝5万円／日×100日）にしかなりません。現実には大半が実稼働50日以下で、年収は200万円未満でしょう。これが「公的支援は儲からない」と言われる実態です。

公的支援機関でのセミナー

ところで、公的支援には、「窓口相談」と「専門家派遣」の他に、「セミナー業務」があります。商工会議所など全国各地の公的支援機関で、色々なテーマのセミナーが開催されており、診断士も講師を務めています。

公的支援機関のセミナー講師業務に特化し、自前のコンテンツを売り込んで、年間200日以上登壇し、1千万円超の収入を何年も続けて獲得しているという診断士がいます。

ただ、民間業務では、セミナー講師に特化している診断士がたまにいますが、公的支援では、こうしたセミナー専業でしかも成功している講師は極めて例外的な存在です。

公的支援機関で典型的なセミナーは、国が経済政策や中小企業政策を新設・変更する際、周知徹底のために開催するものです。たとえば、本書を執筆している2023年の夏ですと、10月から導入されるインボイス制度に関するセミナーが連日連夜開催されています（この例では、講師は税理士ですが）。

こうしたセミナーで講師を務めるのは、セミナー専業講師ではなく、当該分野で実績を上げたベテランの専門家です。専門家が公的支援機関に「インボイス制度のセミナーをやりましょう！」と売り込むのではなく、公的支援機関の方から専門家に依頼をするのです。

しかも、公的支援機関のセミナーの講師料は、「2時間で4万円」などと非常に低価格です。全国の公的支援機関を飛び回って年間100回登壇しても400万円で、とても主たる業務として注力するわけにはいきません。

公的支援機関でのセミナーで1千万円以上の収入を獲得しているある講師は、「自分は非常に特殊なやり方をしているので、真似をしない方が良い」と言っています。

公的支援から民間業務へと展開できるのか？

最後に、公的支援と民間業務のつながりについて確認しましょう。

公的支援の世界では、よく「公的支援そのものは儲からないが、地元の企業との関係ができるので、その関係を起点に民間業務を開拓することができる」と言われます。これが「独立開業した診断士は、まず公的支援をやるべき」と言われる理由です。

たしかに、そういう事業展開をし、毎年2千万円以上を稼いでいるプロコンもいます。あるいは、商工会議所の創業セミナーの受講者が起業し、大きく成長し、セミナー講師をした診断士がその会社の顧問に就任したという事例もあります。しかし、これらはかなり特殊なケースと考えるべきです。

ある経営者に大きな困りごとがあって、コンサルタントに相談しようと思い立ったとします。その会社が資金的に余裕があったら、困りごとの内容に合ったベストのコンサルタントを探し、それに見合った高いコンサルティング料を払うでしょう。資金的な余裕がなかったら、やむなく無料あるいは低価格の公的支援を利用します。

つまり、公的支援に頼るのは、もともと高いコンサルティング料を払えない、資金的な余裕のない中小企業やこれから事業を始める起業家が中心です。そういう中小企業や起業家とのネットワークが広がっても、吉田さんが「無料ないし低価格のものばかり」だったように、大きな報酬を獲得するのは困難です。

結論的には、公的支援で商業的に成功するのは極めて困難です。公的支援そのものを否定するわけではありませんが、生活のことが少しでも心配というなら、公的支援を当てにして独立開業するのは、まったくお勧めできません。

家族との関係

ところで、既婚者にとって、独立開業という決断をパートナーなど家族のメンバーに納得してもらえるかどうかが、大きなハードルになります。

共働きでパワーカップル（2人とも年収700万円以上）であるとか、実家が資産家であるといった経済的条件に恵まれた場合でも、たいていパートナーは「そんな胡散臭いことしなくても」と反対します。ましてや経済的に余裕がない場合、「いったい何考えてるの！」と猛烈に反対します（そして多くの場合、独立開業を断念します）。

たまに独立開業を希望する企業内診断士から「妻をどうやって説得すれば良いですか？」と聞かれます。残念ながら、私に妙案はなく、「どうしたもんですかね」と曖昧に答えています。

ただ、「絶対に成功して大金持ちになるから」とか「俺を信じろ」と虚勢を張るのは、ちょっといただけません。結果的にかなり高い確率で失敗し、嘘をつくことになるからです。

そう考えると、「ダメかもしれないが、どうしてもやってみたい。2年だけやらせてくれ。2年経ってダメなら、再就職するから」というくらいが、現実的なところでしょう。

こうして「しょうがないわね」「勝手にすれば」と渋々納得してもらうわけですから、独立開業後は、しっかりパートナーをケアする必要があります。私が心掛けたのは、次の4点です。

① 昼間はできるだけ家にいない。専業主婦にとって自宅は自分の縄張り・領地であり、そこに異分子がいるのは実に不愉快なもの（らしい）です。外で事務所を借りるか、図書館やカフェで仕事をするようにします。

② 仕事の手伝いをお願いしない。パートナーから見て、プロコンの仕事はあくまで「勝手に

やっていること」。経理処理など色々と手伝ってもらいたいことはありますが、専門業者にアウトソーシングするか、自分でやるようにします。

③　週1度以上、家族で集まる時間を作る。やはりコミュニケーションが人間関係の基本。独立開業して以来ほぼ欠かさず、週1度は家族で外食するようにしました。

④　仕事の話、とくに愚痴や悩み事は口にしない。パートナーにとって、まったく自分に関係ない仕事のこと、とくに愚痴や悩み事は聞いても面白くありません。ぐっと自分の中にしまっておきます。

こうしてプロコンがパートナーや家族をケアしても、家庭生活を維持するのは難しく、相当な確率で家庭が崩壊します。ビジネスがうまく行かなかったら経済的な困難に直面しますし、うまく行ったら多忙ですれ違いが多くなるからです。

このご時世に言いにくいことですが、「家庭が第一。家庭崩壊だけは絶対に避けたい」という考えの人は、独立開業しない方が賢明でしょう。

CASE 07

補助金申請支援はドル箱であり続けるのか？

ものづくりを伝えたい

大沼博一さんは、九州地方の高等専門学校（高専）を卒業し、大手電子部品メーカーM社に入社しました。

入社して半年間、工場やサービスセンターで現場実習し、生産技術部門に配属されました。以後、開発部門に所属した時期もありましたが、ずっと生産技術部門で働き続け、海外工場の立ち上げにも参加しました。大沼さんはものづくりが好きで、生産技術の仕事はとてもやりがいがありました。

［プロフィール］

氏　　　名：大沼博一（仮名）
前　　　職：電子部品メーカー
診断士登録：50歳
独 立 開 業：55歳

43歳で管理職に昇進しました。最初はプレイングマネジャーでしたが、昇進2年目からはマネジメント業務が主体になりました。手を動かして現場指導などをする機会が減り、フラストレーションがたまるようになってきました。

46歳のとき、高専時代の親友の中尾さん（仮名）と会う機会がありました。中尾さんは長く電機メーカーの知的財産部門に勤めていましたが、弁理士の資格を取って2年前に退職し、知的財産のコンサルタントとして活動しています。

それまで大沼さんは、将来のことを真剣に考えたことがありませんでした。しかし中尾さんと会って、15年後の60歳には定年を迎えることやM社では高専卒はこれ以上昇進しないという現実に改めて気づき、残りの会社生活と定年後のことを考えました。

大沼さんが着目したのが、中小企業のものづくりです。大沼さんが仕事でお付き合いしている中小企業の多くは、キラリと光る技術を持っているのに、製品化する設計力や技術を顧客にアピールするブランド力などが乏しく、低収益で苦しんでいます。中小企業がものづくりの力を高め、成長・発展できるよう、自分のスキル・経験を活用できないものかと思いました。

「どうせやるなら早く」と独立開業を決断

ものづくりを中小企業に伝えるという大きな目標が決まった大沼さんは、まず技術士の資格を取りました（電気電子部門）。難関資格とされる技術士ですが、大沼さんにとっては楽勝でした。

つづいて、診断士の資格に挑戦しました。技術オンリーでやってきた大沼さんにとって、診断士の学習はチンプンカンプン。悪戦苦闘しましたが、何とか3年で合格することができました。

診断士登録をし、早速、中小企業診断協会に入会しました。そして、N県支部の生産管理研究会に参加しました。

生産管理研究会は、メーカー勤務の経験がある診断士の集まりで、プロコンと企業内診断士が半々です。月1度の定例会（会員持ち回りの発表を行う）の他に、プロコンが請け負った工場診断など公的支援の案件を会員が共同で実施することがあります。

入会して4か月後、機械工場を診断する案件のメンバー募集があったので、大沼さんは応募しました。参加の目的は、診断士の資格更新のために必要な実務従事ポイントを取得することでした。しかしやってみると、大手のM社の生産技術部門とは違った色々な気づきがありました。

その機械工場は大手輸送機メーカーの孫請けで、稼働率の低下、品質トラブルの多発、人手不足といった問題を抱えていました。大沼さんら生産管理研究会のメンバーは、生産現場のオペレーションだけでなく、調達・設計・人材育成まで含めた総合的な提案をし、経営者から感謝の言葉をもらいました。

この工場診断の経験を通して大沼さんは、ものづくりの楽しさを再認識し、中小企業のものづくりの支援を自身のライフワークにすることを誓いました。

その後も大沼さんは、生産管理研究会を足場に、診断士の活動に積極的に参加し、スキルを磨き、経験値を上げていきました。とくに、2013年からものづくり補助金が導入されたことで、生産管理研究会が受注する案件が増えました。

大沼さんは、55歳の誕生日に退職し、プロコンとして独立開業しました。M社の定年は60歳で、65歳まで再雇用で働き続けることが可能でした。しかし、知り合いの複数のプロコンから「どうせやるなら、絶対に早い方が良い」と言われて、決断しました。奥様は、賛成も反対もしませんでした。

スムーズなスタートも、収入は激減

大沼さんには生産管理研究会という確固たる足場があったので、独立開業後のスタートはスムーズでした。支援先のメーカーがたいてい土日休みなので、退職前までは診断士活動が制約されましたが、独立開業後は思い切って活動を広げることができました。

中小企業基盤整備機構の関東支部にも専門家登録しました。ここでは、ものづくりの専門家として実績が高く評価され、徐々に専門家派遣やセミナー講師の業務が入ってくるようになりました。

独立開業して8か月後、地元の中堅企業と顧問契約を締結しました。顧問先は電子部品メーカーで、製品開発や品質管理に問題を抱えていました。顧問先を月2回訪問し、毎月6万円の収入を得ることになりました。

こうして大沼さんは、着々とビジネスの基盤を固めていきました。周りの企業内診断士やM社の元同僚からは、「さすがは大沼さん、ロケットスタートですね！」とよく言われました。

しかし、独立開業1年目の収入は300万円弱と、退職前の約900万円から激減しました。公的支援の仕事、とりわけ下請けで担当する業務は、単価が安かったからです。大沼さんには退職金があり、住宅ローンも完済していたので、生活に困るわけではありませんが、「これはまずい」と焦りました。

大沼さんは、1年目は生産管理研究会など中小企業診断協会に依存し過ぎたことを反省しました。そこで、2年目は企業からの直接受注を増やすように方針転換しました。

M社時代の取引先・高専時代の同窓生・親類縁者などの伝手をたどって、営業をかけました。最初は、会ってもらうことすら難しかったのですが、M社でのビジネス経験や生産管理研究会での公的支援の実績をアピールし、徐々に直接の受注を増やしていきました。

2年目、ある自動車部品メーカーからものづくり補助金の申請支援を直接受注しました。支援先の経営者は、大沼さんが作成した事業計画の質の高さと親身な支援にいたく感激し、「お礼に」と県内外の同業者を紹介してくれました。

こうして2年目後半から補助金申請支援の直接受注が着実に増え、事業は軌道に乗りました。収入も、2年目は約400万円、3年目は約600万円と右肩上がりに増えていきました。M社の元同僚は役職定年などで収入が500万円を下回るようになり、よく「大沼は勝ち組だな」と羨ましがられました。

しかし、この3年目が大沼さんのプロコン生活のピークでした。

大型案件が取れなくなって

4年目になって、補助金申請支援の受注に少しずつ変化が現れました。引き合いの件数は相変わらず高水準でしたが、案件が小型化し、1件当たりの受注金額が落ち始めました。生産管理研究会の案件も、小型化が顕著でした。さらに、以前は引き合いを受けたらたいてい受注できたのに、失注するケースが増えてきました。

ある印刷業者から引き合いがあり、ほぼ受注が確定していたのに、急きょ「他の業者に変更します」と断られました。他の業者というのは、この地方で補助金申請支援を大々的に展開しているO社で、「着手金はゼロ円、完全成功報酬」と売り込んできたようです。

その後も、こうした失注を何度か経験しました。明らかに、補助金申請支援のビジネスは競争が激化しているようです。大沼さんの受注件数・受注単価はともに落ち込み、4年目の収入は約400万円に減りました。

5年目、新型コロナウイルス感染症の影響で補助金申請支援の案件が増え、6年目にかけて大沼さんの収入は500万円台を回復しました。ところが、コロナバブルも終わり、7年目の収入は再び400万円を下回りました。

62歳になった大沼さんは、いま今後の事業展開を思案しています。補助金申請支援のビジネスは曲がり角を迎えているようで、他の業務を始めることを検討しています。

＊＊＊＊＊＊＊＊＊＊＊＊＊＊＊＊＊＊＊＊＊＊＊＊＊＊＊＊

【解説】

補助金申請支援が急拡大

従来、公的支援というと、窓口相談と専門家派遣の2つが主体でした。ところが、近年、補助金申請支援の案件が急増し、大沼さんのようにこの業務に携わる診断士が急増しています。

なお、窓口相談や専門家派遣と違って、補助金申請支援は民間企業から直接受注し、そこから報酬を受け取ります。そのため、公的支援ではなく民間業務に分類することもあります。

補助金申請支援とは、中小企業が補助金などを申請する際、申請書類の作成を支援する業務です。補助金は実に多種多様で、申請書を出せばほぼ無条件で受給できるものもあれば、事業計画を作成し、国から認められた場合にだけ受給できるものもあります。

診断士が支援するのは、高度なノウハウが要求される後者の事業計画の作成が中心です。ただ、前者をターゲットに活動している診断士も多く、業界内では「代書屋」と揶揄されています。

補助金申請業務の報酬は、着手金と採択された場合に発生する成功報酬に分かれます。ものづくり補助金や事業再構築補助金の最近の報酬相場は、着手金が0～20万円、成功報酬は獲得金額の10～20％です。ただし、事例のO社のように「着手金ゼロ、完全成功報酬」と謳う業者が増えています。

たとえば、ものづくり補助金で、従業員10名の中小企業X社が1千万円の設備投資した案件を「着手金10万円、成功報酬10％」で受注したとします。採択されたら、補助率2分の1で500万円が国からX社に支払われ、X社から診断士に60万円（＝着手金10万円＋成功報酬500万円×10％）が支払われます。

このように補助金申請支援は、大型案件を獲得すれば成功報酬で大きな報酬を期待できます。実際に、大型の補助金案件を次々と獲得し、年1千万円以上の収入を得る診断士が続出しています。95～97ページで、「公的支援は儲からない」と説明しましたが、この長年の常識が変わりつつあります。

補助金申請支援は儲けにくくなっている

ただ、補助金申請支援をやれば誰でも簡単に儲かるかというと、そうでもありません。コロナ禍の2020年春から2022年前半は、「補助金申請支援だけで1千万円稼いだ」といった景気の良い話をよく耳にしました。しかし、2022年後半から、急速に儲けにくいビジネスになっています。

まず、補助金申請支援は、診断士だけではなく士業全体やコンサルティング業界の成長分野ということで、参入者が増え、競争が激化しました。とくに、有資格者の増加で収益環境が悪化した弁護士・税理士・社労士の参入が目立ちます。

たとえば、コロナ対策の次の有望分野として事業承継があり、事業承継補助金が人気です。この分野では、診断士・税理士・弁護士など色々な専門家が入り乱れて受注競争を繰り広げています（正確に言うと、事業承継支援はもともと税理士の独壇場で、診断士が後発で参入しました）。

法人の業者が台頭していることも、近年の大きな変化です。インターネットで「補助金獲得」と検索すると、大小様々な業者がずらりと表示されます。大沼さんの案件を奪ったO社のように、大手の業者は診断士・税理士・弁護士など多数の専門家を組織し、派手な広告宣伝と専門の営業部隊で攻勢をかけています。

また、診断士の間でも、グループを作り、他の士業と連携して補助金申請支援に取り組むケースが増えています（116ページ以降のケース8を参照）。このような競争環境の変化によって、大沼さんのような個人のプロコンではなかなか太刀打ちできなくなっています。

公的支援の過去・現在・未来

さらに今後、公的支援の市場が長期的に縮小する可能性が指摘されています。専門家派遣や補助金申請支援など公的支援のこれまでの市場動向を振り返り、今後を占ってみましょう。

2001年に始まった小泉政権から2012年に終わった民主党政権まで、財務省が政権に強い影響力を持ちました。政府は、財政再建の目指して様々な公的支援施策を縮小・廃止しました。

当時、診断士の間では、「もはや公的支援ではメシは食えない」と言われ、中小企業庁は診断士に民間業務を自力で開拓するよう促しました。最近診断士に登録した方には想像がつかないでしょうが、公的支援は〝オワコン〟だったのです。

ところが、2012年に発足した第二次安倍政権では、経済産業省が影響力を持ちました。一転して政府は、中小企業支援に力を入れて、ものづくり補助金や持続化補助金など公的支援の予算・施策を拡充しました。そのため、公的支援の案件が大幅に増え、公的支援に携わる診断士が増えました。

そして、2020年からのコロナ禍で、政府は「1社たりとも倒産させるな」と、ゼロゼロ融資や事業再構築補助金など支援施策を導入しました。補助金申請支援などコロナ対策の現場で活躍する診断士が激増し、業界では「コロナバブル」という不謹慎なことが言われました。

なお、コロナ対策のゼロゼロ融資や事業再構築補助金では、診断士など専門家による不正行為（不正受給など）が次々と明るみに出ました。コロナ対策以外でも、公的支援における不正行為が頻発し、社会的な批判を浴びるようになっています。

2023年春にコロナが終息しました。持続化補助金などまだ継続しているコロナ関連施策もありますが、予算規模は縮小しています。コロナ案件が減ってきたので引退を決めたという高齢の診断士が、私の周りでも出始めています。

では、今後はどうでしょうか。コロナバブルは明らかに異常でした。問題は、小泉政権～民主党政権を正常な状態と見るか、第二次安倍政権以降を正常な状態と見るか、です。

全国の中小企業はますます困難な状況に置かれており、今後も公的支援のニーズは大きいはずです。政治的に弱者救済の要請が強いこともあり、公的支援が大幅に縮小されることはないでしょう。

一方、国や多くの地方自治体では財政がひっ迫しており、公的支援に大盤振る舞いはできなくなっているのが実態です。コロナのような特別な事態が起こらない限り、ここから公的支援が大きく増えることもないでしょう。

ということで、「未来のことはわからない」という結論になります。ただ、「リスクを冷静に見極める」というビジネスの鉄則からすると、公的支援を当てにして独立開業するのは、大いに疑問です。

もちろん、公的支援に携わる診断士の多くは、「仕事で儲けようとは思っていない」「地域の発展に貢献できれば十分」と考えています。ここまでの記述は、そういう考えを否定するものではありません。

手離れの良し悪し

ここで、診断士の業界でよく議論になる仕事の「手離れ」について考えてみましょう。「手離れ」という言葉の意味は、次のとおりです。

手離れが良い＝製品・サービスを売ったら、それでお終い。
手離れが悪い＝製品・サービスを売って終わりでなく、成果実現までフォローする。

プロコンの主要な業務の中で、手離れが良いのは、セミナー講師、予備校講師、窓口相談です。これらは、受講者や相談者を相手に決まった時間対応して、「今後も頑張ってください。さようなら」でお終いです。

逆に、確実に手離れが悪いという業務は見当たりません。

微妙なのが、コンサルティング、研修講師、顧問、補助金申請支援です。これらは、プロコンの仕事のやり方・考え方次第で手離れが良くも悪くもなります。

たとえば、コンサルティングで、調査・分析して、改善計画書をまとめて、クライアントにプレゼンテーションして1か月で業務完了、というのが手離れが良いやり方です。

一方、改善計画が承認されたら、詳細な導入計画を作り、導入をフォローし、効果測定し、さらに改善し、人材育成も手伝って……と関係を続けていくのが、手離れが悪いやり方です。

中小企業に必要とされる支援は、どちらのやり方でしょうか。

理想は、コンサルタントがクライアントの目先の問題を解決するだけでなく、問題解決の進め方を伝授し、クライアントから「もう自分たちで経営改革を進めることができます。先生の支援は必要ありません」と言われる状態です。私は、「コンサルティングの究極の目的は、コンサルティングをなくすことである」と考えます。

しかし、現実には、コンサルタントの提案する改善計画を聞いた中小企業経営者が「これは素晴らしい!」と膝を叩いても、たいてい実行段階でつまづいてしまいます。中小企業は良くも悪くもワンマン経営で、組織的に役割分担し、ＰＤＣＡを回して着実に成果を実現する仕組みができていないからです。

やはり中小企業では、コンサルタントは提案のしっぱなしではダメで、成果実現までとことんお付き合いする必要があります。手離れの悪さが大切です。

伴走型支援という理想と現実

こうした手離れの悪い支援を中小企業庁は「伴走型支援」と呼び、強力に推進しています。診断士の役割は、中小企業に寄り添って支援し、最終的に中小企業の自立化・自走化に貢献することだ、というわけです。

中小企業庁は、２０２２年５月に「経営力再構築伴走支援」を打ち出し、同年６月に商工会や金融機関など中小企業支援機関で構成される「経営力再構築伴走支援推進協議会」を立ち上げ、２０２３年６月に「経営力再構築伴走支援ガイドライン」を策定・公表しました。

この伴走型支援の流れは、補助金申請業務にも及ぼうとしています。補助金を獲得してお終いでなく、実際に改革の効果が出るようにフォローアップすることが重視されるようになっています。ただ、診断士にとって悩ましいのは、補助金獲得だけなら短期間で効率よく仕事が終わるのに対し、伴走型支援は手間がかかる割に大きな収入を期待できないことです。現実には、手離れの良さを重視して補助金を獲得するまでのお付き合いにとどめるプロコンが圧倒的に多いようです。

これから現実と理想のギャップがどこまで埋まっていくのか、国の政策のあり方と診断士の対応が注目されます。

CASE 08

受注グループの春は長く続かない

広告代理店からコンサルティング会社へ

萩谷正英さんは、東京都内の私立大学文学部を卒業し、広告代理店P社に入社しました。子供の頃からマスコミに憧れ、CMの制作をしたいと考え、P社を志望しました。

制作部門を希望しましたが、支社に配属され、営業を担当しました。当時の広告代理店では根性主義が幅を利かしており、上司から「熱意と熱意と熱意、この3つが営業の本質だ」と教えられ、「注文を取るまで会社に帰ってくるな」と罵声を浴びました。

［プロフィール］

氏　　名：萩谷正英（仮名）
前　　職：コンサルティング会社
診断士登録：29歳
独立開業：30歳

負けず嫌いの萩谷さんは、歯を食いしばって頑張り、2年目には支社でトップクラスの営業成績を上げるようになりました。この実績を引っ提げて2年目の終わりに、上司・人事部に制作部門への異動の希望を出しました。

しかし、会社からは営業の実績を高く評価され、本社の営業企画部門に異動になりました。萩谷さんは「せっかく広告代理店に入社したのに、俺はこのまま営業をやって終わるのか……」と失望しました。

3年目になって、大学時代の友人2名が、相次いで転職しました。それを見て、萩谷さんも、にわかに転職を意識するようになりました。

悶々としていた3年目の秋、転職エージェントから連絡があり、コンサルティング会社への転職を誘われました。それまで萩谷さんは、コンサルティング会社をまったく意識していませんでしたが、とりあえず会ってみることにしました。

転職エージェントによると「マーケティングのコンサルティング案件で、コンサルタントはお客様のニーズを聞き出し、課題を明確化し、広告などマーケティング戦略を立案します。広告代理店とコンサルティング会社の違いは、CMなどの制作をするかしないかだけで、本質は同じです」ということでした。

この説明に納得した萩谷さんは、早速、コンサルティング会社にターゲットを絞って、転職活動を始めました。そして、半年後、希望通りマーケティングに強いコンサルティング会社Q社に転職することができました。

萩谷さんは、転職活動を始めると同時に、コンサルティングの基本を習得するために診断士の勉強を始めました。独学で1年目に1次試験に合格しました。

登録養成課程でMBAと診断士をダブル取得

Q社に入った萩谷さんの最初の肩書は、アナリストでした。コンサルタントの指示に従って、クライアントや所属する業界・市場などについて調査・分析する仕事です。

仕事はP社よりもさらにハードでしたが、根性主義だったP社と違って、Q社の仕事はシステマティックで理にかなったハードワークです。萩谷さんは、すっかりコンサルティング会社の仕事が気に入りました。

しかし、入社して数か月たって、Q社の中にある「キャリアの壁」に気づきました。

Q社では、新卒入社や萩谷さんのような第二新卒は、まずアナリストからスタートして、「アナリスト→コンサルタント→シニアコンサルタント→マネジャー→シニアマネジャー→パートナー」とステップアップしていきます（これは他のコンサルティング会社も同じです）。

この中で、新卒入社や第二新卒はシニアコンサルタント止まりが多く、マネジャーから上は他のコンサルティング会社からの転職組が占めています。そして、転職組の幹部クラスの多くは、MBAを持っています。

「コンサルティング業界で成功するにはMBAが必須だ」と考えた萩谷さんは、MBA取得に挑戦することを決意しました。翌年、都内のR大学のMBAコースに入学しました。

数ある社会人大学院からR大学を選んだのは、MBAコースと中小企業診断士登録養成コースが併設されていたからです。MBAコースは平日夜間、中小企業診断士登録養成コースは土日に授業があり、働きながら2年間でMBAと診断士を取得することが可能です。

会社の仕事はハードでしたが、萩谷さんは、日中は仕事し、夕方からR大学の授業に行き、終わったら会社に戻って終電まで仕事をするという、平均睡眠時間4時間の日々を続けました。こうして2年後、無事にMBAと診断士を取得することができました。

クラスメイトに誘われて独立開業

萩谷さんにとってR大学でMBAと診断士を取得したことよりも大きな財産になったのが、クラスメイトです。萩谷さんのクラスには、会社員を中心に、IT企業の経営者、新聞記者、税理士など色々な職業の20代から50代の社会人が集まっていました。

MBAコースの講義と診断士コースの演習は、ケースを使ったグループディスカッションで進みます。診断士コースの実習はグループで企業を訪問し、調査・分析して診断報告書を作り上げます。毎晩夜遅くまでクラスメイトとディスカッションを繰り返すことで、強い絆が生まれました。

診断士を取得して5か月たったある日、クラスメイトの福本さん（仮名）から連絡がありました。「コンサルティング・グループを立ち上げるので、一緒に活動しないか」という誘いでした。

福本さんは、萩谷さんと同じようにコンサルティング会社に勤めていましたが、ＭＢＡの取得を機にコンサルントとして独立開業しました。会社の同僚やＲ大学のクラスメイトを誘って、グループで活動したいということでした。

福本さんは、「大手ファームって結局、自分たちが売りたいサービスをクライアントに押し付けているだけで、クライアントの発展にまったく貢献していない。しかも値段はバカ高い。中堅企業の懐に入り込む密着型のコンサルティングには、大きなニーズがあるはずだ。まずグループから始めて、軌道に乗ったら法人化したい」とビジョンを力説しました。

萩谷さんはこの福本さんの言葉に共感し、コンサルティング・グループに参加することにしました。福本さんからは、「会社で働きながら、休日に手伝ってくれるような形でもいいよ」と言われました。

しかし、萩谷さんは、Ｑ社で働き続けてプロジェクトマネジャーを任されるようになるのを何年か待つより、いますぐ自分の力を試してみたいという気持ちに傾き、思い切ってＱ社を辞めて独立することにしました。

順調だった1年目

福本さんが主宰するアルファ・コンサルティング・グループ（仮名、以下「アルファ」）が発足しました。アルファの最初のコアメンバーは、萩谷さんを含む4人で、他にも税理士、ITコーディネーターといった有資格者などが外部パートナーとして加わりました。

最初の案件は、福本さんが受注したITシステム構築のプロジェクトでした。福本さんが以前勤めていたコンサルティング会社のクライアントの中堅物流企業で、かつて導入したITシステムが不具合が多く、業務との相性が悪いので、業務改善を含めて再構築してほしいという依頼でした。

ITに詳しい福本さんがリーダーになり、萩谷さんも業務改善について一から勉強して参加しました。システムは無事にリリースされ、クライアントからの評価も高く、大成功でした。

さらに、大手食品メーカーのビジョン・中期経営計画の策定の案件を受注しました。これは、コアメンバーの1人、高村さん（仮名）が受注したものでした。3か月間のプロジェクトで、今回もクライアントから高評価でした。

スタートから立て続けに大型案件を受注し、成功したことで一気にメンバーの結束が高まりました。最初は「さて、どんなものかね」と様子見だった外部パートナーも、積極的にアルファの活動に参画するようになりました。

この他に1年目に7件受注があり、外部パートナーの数も増えて陣容が整い、順調なスタートになりました。

勢いは1年しか続かず

1年目の終わり頃からグループの運営方針を巡って、メンバー間で意見の違いが出始めました。

当初、リーダーの福本さんが目指したのは、中堅企業へのハンズオンのコンサルティングでした。クライアント企業、とくに中堅企業は、大手コンサルティング会社の画一的で高価なコンサルティングに満足しておらず、経営に深く関与するコンサルティング（ハンズオン）を求めている、というのが福本さんの想定でした。

実際に、1社目の物流企業は、福本さんの想定にピッタリ合致した案件で、しかも大成功でした。そのため、アルファでは、福本さんを中心に「コンサルティング業界に新風を吹き込むぞ！」という機運が高まりました。

ところが、2社目以降のほとんどの案件を、商社出身で営業力のある高村さんが受注するようになりました。

高村さんは、「アルファを発展させるには、色々な案件をたくさん獲得して、優秀なコンサルントを『俺もアルファに参加したい』と呼び込む必要がある。そのためには、短期間で業務が完了する手離れの良い案件を重点的に受注するべきだ」という考えでした。

当初は、萩谷さんも含めて福本さんの理想に共感するメンバーが多かったのですが、案件を持ち込んでくる高村さんの発言力が徐々に高まっていきました。

発足2年目に入ってしばらくしたある日、決定的な対立が起きました。高村さんがものづくり補助金など補助金申請支援の案件の受注活動を始めたことを知り、福本さんは「補助金はクライアントの長期的な発展にはプラスにならない。それを支援するのは、アルファの方向性に合致しないのでは？」と高村さんに問い質しました。

高村さんはあっさり「わかりました」と言い、その場は収まりました。しかし、この日を最後に、高村さんはグループの活動に参加しなくなりました。福本さんの方針についていけないことや報酬配分への不満から、高村さんはアルファに見切りを付けたようです。

営業力のある高村さんを失い、新規受注の引き合いが目に見えて減りました。受注が減ると、それまで熱心に活動に参加していた他メンバーは、潮が引くようにアルファと距離を置くようになりました。

それでも2年目は、1年目に受注したクライアントの継続案件がありました。3年目になると、継続案件も多くが打ち切りになり、新規受注もほとんどなく、コアメンバー以外には仕事を割り当てられない状態になりました。

そして、3年目が終わる頃、アルファは実質的に開店休業状態になりました。

萩谷さんは福本さんに共感してアルファに参加したので、2年目までは福本さんの方針に沿って活動しました。3年目になるとアルファからの収入が激減したので、別の著名診断士が主宰するグループに参加して活動するようになりました。

アルファで萩谷さんには、営業での貢献を期待されましたが、結局、3年間で1件しか受注できませんでした。収入は、1年目には退職前に近い約500万円でしたが、2年目は約400万円、3年目は約200万円（うちアルファからは100万円未満）と下り坂になりました。

3年目を終えたところで、萩谷さんは金融サービス会社に再就職しました。萩谷さんのプロコン挑戦は3年で終わりました。

＊＊＊＊＊＊＊＊＊＊＊＊＊＊＊＊＊＊＊＊＊＊＊＊＊＊＊＊

【解説】

ファームのコンサルティングとプロコンの経営診断は別物

近年、就活生の間で、大手コンサルティング・ファーム（以下「ファーム」）が人気を集めています。また、ファームへの就活を有利にするため、診断士取得に挑戦する大学生が増えており、大学生の診断士が現れています。また、ファームの社員でも、キャリアアップのために診断士を取得するケースが増えています。

という近年の動きに水を差すことになりますが、ファームでコンサルティング経験を積んでも、診断士として活動する上ではまったくプラスになりません。逆にファームは、診断士の資格も経営診断の実績もまったく重視していません。ファームのコンサルティングとプロコンの経営診断は、まったく別物だからです。

ファームのコンサルティングは、知名度のあるパートナーなど経営幹部が営業し、受注したら、マネジャー以下がプロジェクトチームを編成してクライアントにソリューションを提供するという分業体制です。コンサルティングで一番難しいのは営業し受注することで、それを経営幹部が担います。

各ファームでコンサルティングの進め方や使用するフレームワークやツールがかなり標準化されており、そのやり方に合致する案件だけを受注します。高給で雇ったコンサルタントを遊ばせずにフル回転で稼働させるには、この「既製服を売る」というやり方が最も効率が良いからです。

一方、プロコンの経営診断（診断士は「コンサルティング」と呼びますが）は、ここまで説明してきたとおり、クライアントの困りごとを聞き、問題点を見つけ出し、クライアントと一緒に解決策を作り、実行するというプロセスです。経営者と二人三脚で経営改革を進める、手離れの悪いビジネスです。
このため、ファームでマネジャー以上になってから診断士として独立開業し成功したという人は見かけません。逆に、プロコンとしてある程度以上の実績を残してからファームに転職して成功したという人もいません。どちらが良いとか悪いとかではなく、世界がまったく違うのです。
私は若手の企業内診断士から、よく「将来的には診断士として独立開業したいのだが、その前にファームに転職して、数年間働いて、コンサルティングの勉強をするのはありですか？」という質問をいただきます。こうした事情を説明したうえで、次のように答えています。

「コンサルタントになる（コンサルティングをする）ことが目的なら、ファームに入るのはアリです。その場合、独立開業しようとかは考えず、ファームでキャリアアップできるよう頑張ってください。独立開業することが目的なら、ファームに入るのは回り道です。直接、独立開業することをお勧めします」

なお、ファームのコンサルティングとプロコンの経営診断の中間のようなやり方をしているコンサルティング会社があります。その場合は、コンサルティング会社の経験がある程度はプロコンの活動の役に立ちます。

中小企業診断士養成課程という選択肢

ところで萩谷さんは、1次試験を自習で突破した後、R大学の中小企業診断士養成課程（以下「養成課程」）で診断士を取得しました。養成課程を紹介しましょう。

2006年まで、養成課程は中小企業大学校にしかありませんでしたが、その後、各地で登録機関が立ち上がりました。中小企業大学校や日本生産性本部のような全日制と東洋大学・日本工業大学など、夜間・週末コースもあります。

夜間・週末コースの場合、萩谷さんのように働きながらキャリアを中断せずに学ぶことができます。また、一部の登録養成機関では、診断士とMBAをダブルで取得することができます。このため、近年、大都市圏に住む若手ビジネスパーソンの間で、養成課程が人気を集めています。

養成課程のメリットとデメリットは、図表5のとおりです。

養成課程は、独学や受験予備校と比べて費用・時間がかかります

＜図表5　中小企業診断士養成課程＞

メリット	デメリット
・ほぼ確実に診断士を取得できる ・深い学びができる ・質の良い人脈 ・（養成機関によっては）MBAを取得できる	・1次試験に合格する必要あり ・マイペースで学習できない ・授業料など費用が高い ・多忙になる

し、萩谷さんのように殺人的な生活になりがちなので、誰にでもお勧めできるものではありません。しかし、個人的には、プロコンとして活動するのに役立つ深い学びをしたいというなら、養成課程をお勧めします。

私は中小企業大学校で教えているのですが、卒業生の多くが「テキストでは学べない深い学びができた」「人生で最も充実した半年間だった」「かけがえのない一生の人脈ができた」と肯定的に評価しています。経営を深く学びたい、質の高い人脈を獲得したいという人にとって、養成課程はまたとない機会・場となっています。

受注グループの活動が活発化

コンサルタントには、様々な活動の形態があります。活動の自由度に着目すると、次のように分類することができます。

① コンサルティング会社や教育団体の社員
② コンサルティング会社の契約コンサルタント、教育団体の契約講師
③ 受注グループのメンバー
④ 個人単位で活動するコンサルタント（狭義のプロコン）

このうち①はコンサルティング会社への転職で、本書の趣旨から外れるので割愛します。④はここまで詳しく解説しました。ここでは、③の実態を紹介します。

以前は、一匹狼のプロコンが多く、群れないことを良しとする風潮がありました。ところが、近年、受注グループが全国各地で立ち上がり、萩谷さんのように、受注グループを拠点に活動するコンサルタントが増えています。

受注グループは実に多種多様で、一般社団法人などを作ってかなり組織的に活動している場合もあれば、私的なグループで活動している場合もあります。

前者の組織的なグループでは、中小企業診断協会の多くの都道府県支部が受注グループを作り、公的支援機関や地域金融機関と連携して活動しています。支部の傘下の研究会でも、実質的に受注グループとして活動しているケースが多々あります（87ページと104ページ参照）。

後者の私的なグループは、以前は実績のある著名コンサルタント（いわゆる「大先生」）が発起人・代表になって引っ張るケースが多かったのですが、最近は萩谷さんのように若い診断士たちがフラットな関係で緩やかに活動することが増えています。

●受注グループ選びのチェックポイント

独立開業した診断士が受注グループに参加する場合、どのように受注グループを選べば良いのでしょうか。代表的なチェックポイントは、次のとおりです。

①　活動と受注実績

活発に活動し、受注実績が多いのが良いグループです。

クライアントの質にも注意します。クライアントが成長していれば前向きな継続案件を見込めますが、衰退しているならリストラなど後ろ向きな支援が多くなり、継続案件をあまり見込めません。

②　活動分野

グループによって、公的支援に強い、DX支援に特化している、といった活動分野の特徴があります。自分の専門性やキャリアビジョンと合っているかどうかを確認します。

③　関係機関とのつながり

有力なITベンダーと提携している、公的支援機関や地域金融機関と関係が深い、といった場合、継続的な受注を期待できます。

④　リーダー・中核メンバー

リーダーや中核メンバーには、グループを引っ張るリーダーシップと案件を獲得する営業力が要求されます。優れたリーダー・中核メンバーがいるグループは有望です。

⑤ 参加者

参加者の数が少なく、能力レベルが低いと、活動が低調になります。逆に、①受注実績と比較して参加人数が多い場合、参加してもなかなか仕事が回ってきません。参加者が多すぎるのも、少なすぎるのも問題です。

とりわけ注意したいのが、④リーダー・中核メンバーです。私的なグループはもちろんのこと、組織的に確立されたグループでも、リーダー・中核メンバーの良し悪しで、グループの成否が決まってきます。

また、カバン持ちと同じようにリーダー・中核メンバーとの義理やしがらみでグループに参加するというのは、絶対に避けましょう（21〜22ページ参照）。

なお、とくに最近、公的支援で多くのグループが不正受給などを摘発されています。こうした犯罪的な活動をするグループにかかわると、そのグループを離れても「あの△△という悪徳グループの一味」というレッテルが一生ついて回ります。不正な活動をしているなら、どんなに受注実績があっても避けるべきです。

私的な受注グループは長続きしない

では、こうした受注グループはうまく行っているのでしょうか。ケースバイケースという結論にはなりますが、萩谷さんが参加したアルファのような私的なグループは、大半がうまく行っていません。うまく行ったとしても、たいてい3年もしないうちに失速し、解散または開店休業状態になっています。

まず、リーダー・中核メンバーが何らかの事情で脱退したり、受注グループの活動にあまり関与しなくなるということがあります。

よく著名コンサルタントがリーダーになり、「後輩の若手診断士に活動の場を与えてあげたい」「ちゃんと食べさせてあげたい」という義侠心で活動を始めます。そして案件を取ってきて、他のメンバーをまとめて、指導して、という骨の折れる役割を担います。

ところが、1～2年すると、高齢の著名コンサルタントが疲弊し、活動が億劫になってきてます。そして、「ちゃんと道筋はつけてあげた。あとは皆で頑張ってくれ」とその任を降ります。

アルファのように、明確な中核メンバーがいないフラットな受注グループの場合、最初は全員が対等な立場で活動を始めます。ところが、受注が増えて事業が軌道に乗ってくると、メンバー間の関係が変化します。

繰り返しますが、コンサルティングの世界で一番偉いのは、営業して仕事を取ってくる人で、その人が自然と中核メンバーになります。中核メンバーは「仕事を取ってくる俺が偉い」、他のメンバーは「あくまで立場は対等」と考え、運営方針や報酬配分などを巡って対立するようになります。

例外的に、リーダー・中核メンバーが自己犠牲を何年も続けることもあります。しかし、たいてい2〜3年以内に人間関係が変わり、グループ活動が迷走するようになります。

独立開業したばかりの診断士にとって、受注グループはコンサルティングの経験を積む貴重な機会です。ただ、受注グループ参加にせよカバン持ちせよ、プロコンが他人に依存して商業的に成功するのは不可能です。

先ほどのチェックポイントに留意して慎重に受注グループを選ぶことも大切ですが、どんなに良い受注グループでも長続きしないものと心得て、独り立ちできるだけの実力をつけるよう努めると良いでしょう。

第2部

成功・失敗の分岐点

成功したプロコンも多数いる

ここまで第1部をお読みになって、「独立開業しようか迷っていたが、やっぱりやめた方が良さそうだ」とか「診断士を受験しようと思ったけど、やめておこう」と考えた読者の方がおられるかもしれません。

ただ、独立開業する・しない、診断士に挑戦する・しないという最終的な意思決定は、是非この第2部を読み終えてからにしてください。

まず、少数派ではありますが、独立開業し、商業的に成功している診断士が現実にいます。絶対に成功するとは保証できないものの、理にかなったやり方で着実に努力すれば、成功することは十分に可能です。

また、商業的に成功していない場合でも、多くがプロコン生活を続けているとおり、プロコンの職業満足度は非常に高いようです。近年、各種の国際比較調査から、日本のビジネスパーソンの職業満足度が低いことが指摘されていますが、プロコンは自分の好きな仕事をやり、社会に貢献することができているので、職業満足度が高いのでしょう。

第2部では、第1部の内容や私が見聞きした成功事例を踏まえて、独立開業して成功するための「理にかなったやり方」を解説します。

なお、第1部では失敗事例という性格上、仮名で記述しましたが、第2部は実名で紹介をします。

また、拙著『独立する！　中小企業診断士開業のコツ60』『プロの研修講師になる方法』『タイプ別中小企業診断士のリアル』からエッセンスを引用していますので、そちらもご参照ください。

01 成功者には2パターン

第1部でも見たように、診断士の活動は実に多様ですが、成功者には2パターンあります。

1つは、独立開業する以前から特定の分野の専門家として実績を上げ、その専門性を生かしてプロコンとして活動するタイプです。生涯一貫して同じことに取り組むので、「一貫型」としましょう。

小西雄一郎さんは、キヤノンの知的財産部門で長年エースとして活躍しました。独立開業してからは、知的財産の専門家として全国の中小企業を支援しています。

東川仁さんは、信用組合関西興銀に勤務し、トップの営業成績を上げ、2002年に同行の破綻を機に独立開業しました。現在、資金調達の専門家としてコンサルティングやコンサルタント養成で活躍しています。

小西さんや東川さんは、典型的な一貫型です。読者の皆さんがプロコンの成功者というとイメージするのは、この一貫型でしょう。

もう1つは、独立開業し、会社勤務時代と違った分野で活動するタイプです。活動領域を変えるので「チェンジ型」としましょう。

内藤博さんは、オートバイ雑誌のモーターマガジン社に27年間勤務し、取締役まで務めました。独立開業し、事業承継士の資格を立ち上げるなど、事業承継の第一人者として活動しています。

畑中修司さんは、中堅アパレル商社の笹倉商事の勤務を経て36歳で独立開業しました。現在、理容業界でナンバーワンのコンサルタントです。

独立開業した後も迷走し、大きなチェンジの末に専門領域を確立したというプロコンもいます。

高原彦二郎さんは、出光興産の勤務を経て独立開業し、最初は神社のコンサルティングに取り組みました。しかし、「神社はお金を払うところであって、お金をもらうところではない」と気付いて、リスクマネジメントの分野に転進しました。現在、海外進出企業のリスク管理で第一人者です。

内藤さん・畑中さん・高原さんは、典型的なチェンジ型です。「まったく違うことをやって成功できるの?」と思われるかもしれませんが、この3人だけでなく、チェンジ型の成功者はたくさんいます。

一貫型とチェンジ型の成功のロジックをそれぞれ見ていきましょう。

一貫型があまり成功しない理由

まず一貫型。言うまでもなく、クライアントはコンサルタントに専門的な知識・スキルを要求します。専門性の高い一貫型の成功者がいるのは「当然でしょ?」と思われるかもしれません。しかし、社内講師として経験を積んだケース5の田辺さん（仮名）が失敗したように（59～67ページ参照）、一貫型が成功するとは限りません。私の見る限り、成功確率はチェンジ型とそんなに変わりません。

正確に言うと、会社勤務時代をやや下回る程度の収入を得て普通に食べていけるという「準成功」の確率が高いのは、一貫型です。しかし、会社勤務時代を大きく超える収入を獲得するという「大成功」の確率は、一貫型もチェンジ型も大差ないということです。

アドバンテージを持っている一貫型があまり成功しないのは、なぜでしょうか。クライアントがコンサルタントを起用する立場になって、考えてみましょう。

たとえば、読者の皆さんがメーカーの経営者で、生産現場の改善を望んでいるとします。ここであるコンサルタントが、「私は現場指導で40年間の実績があります。とくに5Sの指導では国内随一です。私の5S指導で御社の生産現場を改革しませんか?」と売り込んできたら、どうでしょうか。

経営者は、生産現場で5Sが問題になっていないなら、さっさとこのコンサルタントを追い返します。5Sが問題になっているとしても、次のような疑問・懸念を思い浮かべるでしょう。

「いま生産現場ではデジタル化や自動化が進んでいるけど、今後5Sってどこまで有効なのかな?」

「うちはこれから海外生産を増やす予定だけど、海外の従業員も5Sを受け入れてくれるんだろうか?」

「さっきからこの先生は古い話が多いな。何十年も前の話を聞かされたら、若手の従業員は引いちゃうだろうな」

そして、最終的に「セミナーで1時間くらいしゃべってもらうのはありだけど、コンサルティングはちょっとないな」という結論になるでしょう。

一般にコンサルティングは、クライアントが自社では十分に解決できない問題について、その問題に合ったコンサルタントを探し、クライアントとコンサルタントが協力して問題を解決する、というプロセスで進みます。

コンサルティングは、基本的に「カスタマーイン」です。クライアントの事情にお構いなしに

「私の知識を買いませんか？」とアピールする「プロダクトアウト」は、邪道です。そして、一貫型にはカスタマーインは極めて少なく、プロダクトアウトが多いということです。

一貫型で成功するための３つのチェンジ

一貫型で成功するには、以下のような手を打つ必要があります。

① **知識をアップデートする**
クライアントが一貫型に期待するのは、ハイレベルな専門性です。「昔取った杵柄」で勝負するのではなく、常に学び、専門知識を最新・最高の状態にしておきます。

② **見込みクライアントから引き合いが来る仕掛けをする**（これについては１５３～１５６ページで解説します）

③ **提案営業力を身に付ける**
クライアントの問題点を分析し、コンサルティングを企画・提案し、クロージングするという営業力を身に付けておきます。

つまり、専門性が高いベテランの企業内診断士が独立開業しても、そのまま成功するわけではありません。チェンジ型ほどではないものの、相当なチェンジが必要なのです。

ここで、「チェンジといっても、知識のアップデートは専門家にとって朝飯前、提案営業も慣れの問題でしょ」と思うかもしれません。ただ、現実に一貫型の成功者が少ないという現状を見ると、この3つのチェンジがなかなか難しいようです。

失敗した一貫型のプロコンは、専門家としてのプライドを持ちすぎて、「いまさら勉強なんて」「なんでいちいちクライアントに合わせなきゃいけないの」「レベルの低い相手に説明するのは面倒くさい」と考えてしまいます。マインドのチェンジが最も必要だということかもしれません。

チェンジ型が専門領域を確立するまで

次にチェンジ型。不利な立場にあるチェンジ型が成功に至るプロセスを見てみましょう。

若手の診断士が独立開業する場合、ベテランの一貫型と違って大した強みも経験もありません。プロコンになってから色々な経験を積み、スキルを磨いて、「これだ！」という自分の専門領域を確立していきます。

診断士が独立開業する際、やりたいことや達成したい目標があります。それがそのまま専門領域になればいいのですが、たいてい上手くいきません。確率的にやりたいことと世の中のトレンドはマッチしませんし、マッチしていたとしてもライバルに勝てるだけの強みがないからです。

そこで、最初はやりたいことだけでなく、色々と経験を積む必要があります。コンサルティングにも、研修にも、補助金申請支援にも取り組みます。自分で営業するのはもちろん、受注グループに参加したり、カバン持ちもしたりします。業種も企業規模も選り好みしません。価格が安い仕事でも、勉強だと思って引き受けます。

しかし、「何でもやります、何でもできます」というのは、逆にこれといった専門性がない「何でも屋」という評価になってしまいます。他の専門家がいる中で埋没し、単価の安い仕事や下請け仕事しか受注できません。

ある程度の期間が過ぎたら方針転換します。やること・やらないことを明確にし、自分がクライアントにどういう価値を提供できるのかを定義し、自分自身をブランド化する必要があります。

診断士の世界では、「仕事の依頼が来たら何でも受注した方が良いか、きちんと焦点を絞って受注した方が良いか？」という議論があります。そして、創業セミナーの講師は、たいてい「成功したいなら、何をやるかではなく、何をやらないかを明確に決めることが大切だ」とアドバイスします。

このアドバイスは概ね正しいのですが、正確に言うと、独立開業した当初は経験値を高めるために依頼があったら何でも引き受け、1年ぐらいたったら経験を棚卸しして、やらないことと専門的にやることを決めると良いでしょう。

現実には、この方針転換をせず、何年経っても「何でも屋」を続けているプロコンが大半です。独立開業直後に収入ゼロで「飢え死にするかも」という恐怖を味わうと、「またあの恐怖を味わいたくない」と考え、どんなに安い仕事でも、気に入らない仕事でもなかなか手放せません。これがチェンジ型のプロコンの成功・失敗の大きな分岐点です。

強みを見つけ出すには

自分の強みが明確な一貫型と違って、チェンジ型は経験やスキルを棚卸しして、強みを見つけ出す必要があります。ここで私の経験から、強みを考える視点、見つけ出すためのヒントを紹介します。

私は、会社勤務時代に財務部門に所属し、資金調達や年金運用などを担当したので、財務が強みだと思っていました。コンサルタントとして独立開業してからは、ホームページや名刺に「専門領域は財務」と誇らしげに書きました。

しかし、実際に独立開業して活動すると、金融機関の出身者など私よりもはるかに財務に詳しいプロコンがそこらにウヨウヨいました。私にとって財務は、「一般人よりは少し詳しい」という程度で、コンサルタントとしては強みでも何でもありませんでした。

また、私がある大手メーカーの研修で自分で書いたケースを使って演習をしたところ、教育担当者から「日沖さんはケースを書けるんですか！」と驚かれました。その会社で過去に研修を担当していた講師は、慶応大・一橋大・ハーバード大の所蔵ケースを使って演習をしていたそうです。

私は、MBA時代にケース作成の技法について学びましたが、「自分の研修で使うケースを自分で書くって当たり前でしょ」ということで、強みだとは思っていませんでした。教育担当者に言われて初めて「ケースを書ける」というのが自分の強みだと知りました。

このように、自分が「強い！」と思っていても、その分野でもっと強い人がいたら強みではありません。逆に、自分では「大したことない」と思っていても、他の人が自分よりも劣っていたら強みと言えます。強みは絶対的なものではなく、他人との相対比較で決まるのです。学問的には、経済学者リカードが提唱した比較優位の考え方です。

自分では自分のことがなかなかわからず、強みに気づかないものです。強みについて思い込みを捨てて、色々と経験の幅を広げるとともに、他人の評価・コメントをもらうようにすると良いでしょう。

時間が惜しくないと思える仕事

もう1つ、成功するには、強いというだけでなく、「時間が惜しくないと思える仕事」を見つけ出すことが大切です。「時間を忘れて夢中になれる仕事」あるいは「心から好きな仕事」と言い換えることができます。

コンサルタントが知識レベルの低いクライアントを相手にする場合、さほど綿密に準備しなくても、自分が持っている知識を披露するだけで、そこそこのアドバイスができ、クライアントも満足してくれます。いわゆる「知識の切り売り」です。

しかし、ネットでわかる程度の情報に高い金を払ってくれる間抜けなクライアントはそんなにいません。コンサルタントが「知識の切り売り」を続けていると、やがてレベルが高いクライアントに見透かされて、仕事が先細りになっていきます。

少しでもレベルが高いクライアントは、コンサルタントのことをしっかり観察しています。微妙な言葉の端々から、同じ100のことを言っていても、「100の知識を持っていて100を語っている」のか、「200の知識の持っていて100を語っている」のか、正確に峻別します。前者はすぐにお払い箱になります。

たとえば、明日の早朝に顧客へのプレゼンテーションが予定されており、いま深夜0時。プレゼン資料は一通りできているものの、「海外の事例を調べて、解決策の期待効果をもう少し緻密に試算しようかな」と思い立ちました。ここで「時間が惜しい」と思って眠りにつく人は、「知識の切り売り」になってしまいます。

一方、この場面で眠気を忘れてウキウキしながら思い立ったことにトコトン取り組む人がいます。自分の好きなことに夢中になっている状態です。

このように、クライアントの知識レベルに関わらずもう一歩深い事情を調べたり、問題を突き詰めて考えることを厭わないコンサルタントは、インターネットでは得られない深みのあるアドバイスをすることができます。本物のプロとして信頼され、評判が上がり、成功することができるのです。

コンサルタントとして独立開業する動機は、「サラリーマン生活が嫌になった」「何だかカッコ良さそう」など色々あって良いと思います。ただ、ベースに「ファッションのことがとにかく好きだ」といったこだわりの領域がないと、クライアントから信頼され、長くプロコンとして活動し続けるのは難しいでしょう。

独立開業する時点でそういう仕事が定まっていて、それが自身の強みであるならベストです。そうでないなら、1年目に色々な経験を積む過程でしっかり見極める必要があります。

独立開業は非合理的な意思決定

チェンジ型の成功者がそこそこいるという事実は、逆に考えると、独立開業する前に事業計画を作ってもその通りにはならない、ということを意味します。

私も、日ごろクライアントには「ＰＤＣＡがビジネスの基本。しっかり事業計画を作りましょう！」と言っている手前、非常に言いにくいことですが、ことプロコンのビジネスでは、事業計画を作っても時間の無駄です。

どんなビジネスでも事前に見通しを立てるのは難しいですが、見えないサービスを売るコンサルタントの場合、とりわけ受注（収入）を予想するのは至難の業です。一方、事務所の家賃などコストがどれくらいかかるかは、ある程度正確に見積もることができます。

そのため、企業内診断士がまじめに収入とコストを見積もって事業計画を作ると、「どうやら黒字化しそうにないな。やはり独立開業は止めておこう」という結論になります。たいていの賢明な企業内診断士は、こうして独立開業を思いとどまります。

つまり、実際に独立開業するのは、真剣に検討を重ねた末に清水の舞台から飛び降りる一大決心をするか、あまり真剣に事業計画を検討せず、弾み・成り行きなど軽い気持ちでやってみるか、どちらかです。いずれにせよ、診断士の独立開業は非合理的な意思決定と言えます。

もちろん、軽い気持ちでやってみて、大失敗して自己破産ということではいけません。ある程度の貯えがあり、「ダメだったら再就職すればいいや」と思えることが大切です。独立開業にあたってのチェックリストを巻末に掲載しますので、参考にしてください。

なお、成功したプロコンの独立開業の意思決定はかなりいい加減ですが、独立開業した後は研鑽を積み、真摯に仕事に向き合い、情熱を持って取り組める仕事を見つけ出します。ずっといい加減というわけではないので、誤解なきよう。

02 直接受注が成功の必須条件

ところで、一貫型にせよ、チェンジ型にせよ、コンサルティング・企業研修・補助金申請支援のどれに注力するにせよ、D型で活動することが成功のための必須条件です。

前著『タイプ別中小企業診断士のリアル』で、プロコンをC型とD型に分類しました。C型・D型というのは私の造語です。

- プロコン・C型：コネ・人間関係（Connection）で受注し、中小企業（Chusho kigyo）・零細企業にサービスを提供
- プロコン・D型：直接（Direct）受注し、大企業（Dai kigyo）・中堅企業にサービスを提供

C型が対象とする中小企業・零細企業は支払い能力が低く、受注グループや公的支援機関を通

して間接受注するので、手取りの報酬単価が低くなります。また、自分のネットワークは限られるので、受注件数も増えません。

一方、D型が対象とする大企業・中堅企業は支払い能力が高いですし、直接受注なので、報酬単価が高くなります。また、全国の見知らぬ企業から幅広く受注するので、受注件数も増えます。

大企業はプロコンを利用したがっている

私は、よくプロコンの方から「個人のプロコンが大企業から直接受注するって無理でしょ」と聞かれます。たしかに以前は、個人のプロコンはお断りで、法人としか取引しないという大企業がありました。

しかし、最近は個人のプロコンを起用する大企業が増えています。これは、社外取締役が義務化されたことで大企業が社外の専門家と付き合うようになったことが影響していますが、これまで付き合ってきたファームや教育団体に対する3つの不満に大企業の担当者が向き合い始めたという側面もあります。

不満1「そのサービスでその値段はちょっと高すぎないか?」

不満2「契約したこと、決まったことしかやってくれない……」

不満3「同じサラリーマンのくせに偉そうに！」

とくに不満3は、あまり大っぴらには口にしませんが、大半の大企業の担当者が思っています。コンサルタントは会社の問題点を、研修講師は従業員の問題点を厳しく指摘します。もちろん、会社・従業員に良くなってもらいたいという気持ちからなのですが、指摘を受ける側は「同じサラリーマンのお前から言われたくない」と感情的に捉えます。

ということで、問題意識の高い担当者は、ファームや教育団体に不満を持ち、「できれば個人プロコンを利用したい」と考えています。

もちろん、システム開発など大規模な作り込みを伴う案件や階層別研修など大人数に展開する案件については、ファームや教育団体の組織力に頼らざるを得ません。こうした案件には、プロコンはお呼びではありません。

しかし、プロジェクト活動へのアドバイスや選抜型研修・コーチングなど少人数に展開する教育・相談については、どんどんプロコンを活用するようになっています。

決して簡単なことではありませんが、個人のプロコンが大企業から直接受注するチャンスは、近年、確実に大きく広がっています。

クライアントのサーチの範囲に入る

では、プロコンが大企業・中堅企業から直接受注するにはどうすれば良いのでしょうか。企業がコンサルタントを起用する場合を例にとって考えてみましょう（研修講師でも、ロジックは同じです）。

ある企業が硬直化した組織文化を改革することになりました。経営企画担当者が、経営陣から「コンサルタントと相談して進めるように」と言われ、組織変革に詳しいコンサルタントを探すとします。

経営企画担当者は、次の順番でコンサルタントを探すでしょう。

> 知り合いなど自分のネットワークの中で適切なコンサルタントがいないか探す。
> ←
> 付き合いのあるコンサルティング会社や関係者に「良いコンサルタントを紹介してもらえますか」と相談する。
> ←
> 自力でサーチ（探索）する。

つまり、プロコンが見知らぬ会社から新たに直接受注するというのは、クライアントの担当者から見て「最終手段」ということになります。直接受注のハードルが高いことはたしかです。

まずプロコンとしては、クライアントの担当者のサーチの範囲に入り、サーチに引っかかることが、引き合いを受けるための必須条件になります。

担当者は、次のようなチャネルでコンサルタントをサーチします。

①　書籍・論文
②　業界団体・学術団体
③　ホームページ

どれを主に使うかはケースバイケースですが、最も多いのは①書籍・論文で検索し、③ホームページで確認するというパターンでしょう。特殊な業界の場合、②が多くなります。

ビジネス書でブランド化する

プロコンが大企業から直接受注する上で、①書籍・論文、とくにビジネス書の効果は絶大です。大企業の担当者は、コンサルタントなど外部の専門家を探すとき、ビジネス書を検索します。

第三者から紹介を受けたという場合でも、そのコンサルタントがビジネス書を出しているかどうか、必ずチェックします。

なぜなら、巨大な階層組織である大企業の担当者は、コンサルタントの起用を独断で決めることはできず、上司や関連部署に「なぜそのコンサルタントなのか？」を説明する必要があるからです。

ここで、「私の知り合いに日沖というコンサルタントがいまして……」では説得力ゼロ。「日沖という『変革するマネジメント』という著書があるこの分野の専門家に依頼したいと思います」と説明する必要があるわけです。

つまり、大企業から直接受注するには、「著書があった方が有利」ではなく、「著書がないと土俵に上がれない」ということなのです。

ビジネス出版というと、大成功したコンサルタントが書くものと誤解している人がたくさんいますが、そんなことはありません。以前と比べて出版のハードルは格段に下がっています。出版社は、出版点数を確保する必要があり、新しい書き手を探しています。

ポイントは、①読者が読みたいと思う企画を作る、②テーマに合った適切な出版社を選ぶ、③出版社に適切にアプローチすることです。詳細については、拙著『タイプ別 中小企業診断士のリアル』を参照してください。

なお、出版には書店やAmazonで流通する商業出版と著者が費用負担して制作し市場に流通しない自費出版があります。よくプロコンの方から「自費出版で実績を作った方が良いですか」と聞かれますが、自費出版はお金と時間の無駄です。

これは、自費出版は流通しないので大企業の担当者のサーチにかからないからです。また、見る人が見れば簡単に自費出版だとわかり、「その道の専門家」とは認めてもらえません。プロコンがビジネス書を出すという場合、ハードルは上がりますが、商業出版にこだわるべきです。

●ホームページで企業からのアクセスを容易にする

もう1つ、ホームページを作ることもD型にとって必須です。大企業の担当者は、ホームページでコンサルタントを検索し、ホームページでコンサルタントのサービス内容や実績を確認し、ホームページの情報を使って関係者（とくに社内の上層部）にコンサルタントのことを説明するからです。

SNS全盛の時代なので「FacebookやX（旧Twitter）で十分。わざわざホームページを作る必要はない」と言うプロコン（ただしC型）がいます。たしかに一般個人を相手にセミナーをするような場合、SNSで構いません。というよりSNSの方が有効です。また、コネで顧客開拓するC型もホームページは必要ありません。

しかし、（将来はわかりませんが）現時点の企業社会では、ＳＮＳはあくまで個人用、ホームページはビジネス用、という使い分けをしています。大企業・中堅企業から直接受注したいなら、ＳＮＳではなくホームページを作ることが必須です。

ホームページを作るとき、自分でデザインすることもできますが、プロのデザイナーに頼んでしっかりしたものを作ってもらうと良いでしょう。

せっかくホームページを作ってもほったらかしにするコンサルタントが多いようですが、最低月1回は更新したいところです。

私は独立開業した直後からホームページを開設し、現在まで21年間、毎週欠かさず、「経営の視点」と題する１３００字程度のコラムを執筆し、更新しています。毎週更新するのは結構な手間がかかりますが、雑誌（東洋経済オンライン・週刊新潮など）・テレビ・ラジオといったメディアから問い合わせや講演・セミナー・執筆の依頼が入ってきます。

ちなみに、私が所属する東京都中小企業診断士協会・城西支部では、プロコンが約２００名いるのに、ホームページを作成し、城西支部ホームページにリンクを貼っているのは、たった20名です。いかにＤ型が少なく、Ｃ型が多いかが窺えます。

コンペに勝つには？

大企業から直接受注に至るプロセスの最後に、コンペという大きな関門があります。

中小企業では、社長から引き合いがあれば、かなり高い確率で受注することができます。それに対し大企業では、コンサルタントの起用について、関係者が慎重に検討し、組織的に意思決定します。大事な案件の場合、複数のファーム（研修なら教育団体）やコンサルタントに声を掛けて、コンペを実施します。

コンペに必勝法はもちろんありませんが、プロコンは、大手のファームや教育団体と比較した強みをアピールする必要があります。

プロコンの強みの1つは、低価格のフィーです。個人のプロコンは、大手のファームや教育団体と違って間接コストがあまりかからない分、競争力のある価格を提示することできます。ファームや教育団体と比べてリーズナブルであることを説明します。

もう1つは、柔軟な対応です。ファームや教育団体は、業務効率を高めるために、標準化されたサービスを提供しようとします。自由度の高いプロコンは、クライアントの要望を探り、それを取り入れてコンサルティングプロセスや研修プログラムを柔軟にカスタマイズすることができます。

プロコンの方からよく、「実際のコンペの勝率ってどうなんですか？」と聞かれます。もちろん、私の体験を一般化できるわけではありませんが、プロコン1人（日沖）対複数のファームというコンペの場合、勝率はかなり高いです。ファームだけでなくプロコンにも声を掛けている時点で、クライアントはプロコンを起用したがっているからです。

C型で「準成功」するには？

ここまでD型について検討してきましたが、C型についても触れておきます。C型で会社勤務時代の年収を大きく上回る「成功」を手にすることは極めて困難ですが、安定的に生活していけるだけの「準成功」を手にすることは、十分に可能です。公的支援を例にとって、「準成功」するためのポイントを紹介しましょう。

C型で準成功するには、公的支援機関を通して多数の案件を請け負うのが近道です。ただし、案件が多い有力な公的支援機関にはたくさんの専門家が登録しており、専門家同士の競争があります。失敗したくない公的支援機関は、実績重視でベテランの専門家を起用し、新人の専門家にはなかなかチャンスが回ってきません（94ページ参照）。

では、どうやって公的支援機関の中で実績を積み、実績が実績を呼ぶ好循環を作り出せば良いのでしょうか。

何より大切なのは、登録してから初期に与えられる「お試し案件」をしっかりやり切ることです。「お試し案件」というのは私の造語です。

公的支援機関が実績重視でベテラン専門家を起用し続けると、専門家の新陳代謝が進みません。中小企業から見て、「いつ相談に行っても同じ先生がいて、同じことを言っている」という状態だと、公的支援機関への信頼感が低下してしまいます。

そこで公的支援機関は、新たに登録した新人の専門家に難易度の低い案件を試しに担当してもらい、仕事ぶりを評価してその後の対応を決めます。あるいは、大きな案件にベテランの専門家のアシスタントとして参加してもらうこともあります。これが「お試し案件」です。ケース4の安井さんが新人研修を担当したのも、教育団体における「お試し案件」です（46～47ページ参照）。

この「お試し案件」をしっかりやり切って、公的支援機関の担当者（コーディネーター）から「おっ、この新人はできるぞ！」という高い評価を得ると、以後、次々と依頼が舞い込んで来るようになります。逆に期待を下回るパフォーマンスだと、もう声が掛からなくなります。

難易度が低い「お試し案件」といっても、手抜きはできません。綿密に準備し、真剣に取り組み、担当者や支援先の期待を上回るパフォーマンスを出す必要があります。

もう1つ、スキルや経験の幅を広げて、それを担当者に知ってもらい、「引き出しの多い専門家」だと認められることも大切です。

様々なタイプの中小企業の課題に対応する公的支援機関では、時おり今までにない案件が発生します。「雇っている外国人労働者が、賃金の不払いで裁判を起こそうとしている」といった場合です。

公的支援機関の担当者は、まず登録専門家の中から対応できる専門家を探しますが、新規性の高い案件なら、ベテランの実績はあまり関係はありません。他の登録専門家にはないスキル・経験を持っていれば、新しい案件に声が掛かる可能性が俄然高くなります。

そのためにプロコンは、自分が経験したことや学んだことをまとめて、雑誌記事やブログで公表するということを着実に、継続的に行う必要があります。

なお、公的支援を例にとって説明しましたが、研修業務で教育団体の中でポジションを確立する場合も、ロジックはまったく同じです。

03 米国のコンサルティング業界事情と日本の将来

本書の最後に、ケース1の月岡康さんが体験した米国ボストンのコンサルティング業界の事情を紹介し、日本の将来を展望してみましょう。申し遅れましたが、月岡さんは著者の日沖健です。

私（月岡さん）は、日本石油（現・ＥＮＥＯＳ）に勤務していた１９９７年から98年、社費派遣留学でボストンのArthur D. Little School of Management（ＡＤＬＳＯＭ、現在はHult International Business School）で学びました。

ＡＤＬＳＯＭは、１８８６年創業の世界最古のコンサルティングファーム、Arthur D. Little Inc.（ＡＤＬ）が経営するビジネススクールで、教授陣の多くはＡＤＬの現役コンサルタントでした。

ＡＤＬＳＯＭで学び、「コンサルティングの故郷」ボストンに住み、私はコンサルティングについて２つの衝撃を受けました。

１つは、大企業だけでなく、中小企業・零細企業、さらに個人も有料で気軽にコンサルティングを利用していたことです。当時はＩＴバブルが膨らみ始めた頃で、学生や主婦がＩＴコンサルタントに「ネットショップを始めたいんで、アドバイスして」と気軽に有料で相談していました。

もう１つは、ハーバード大・ＭＩＴなどを卒業したエリートがプロコンとして活動していたことです。彼らは「大企業のマネジャー」「(ボストンコンサルティングやＡＤＬなど）大手ファームのコンサルタント」「大学教員」「起業家」「プロコン」の５つを自由に、頻繁に行き来していました。

ピータースコット＝モーガン先生

ＡＤＬＳＯＭの教授陣がまさにそういう活動をしており、その1人が「人類初のサイボーグ人間」になったピーター・スコット＝モーガン（以下「ピーター先生」）でした。私がプロコンの先輩として最も尊敬するピーター先生のことを紹介します。

ロンドンの上流階級に生まれたピーター先生は、名門キングスカレッジの学生だったとき、同性愛者であることが発覚して学校から迫害を受けました。これを機に「一から自分を再発明しよう」と決意し、当時はまだ一般的でなかったコンピューターを学び、ロボット工学で博士号を取得します。

ピーター先生はＡＤＬに入社し、世界的な企業や政府機関の技術コンサルティングに携わりました。その過程でピーター先生が問題意識を持ったのは、「組織の不文律」でした。ＡＤＬでピーター先生は、専門のロボット工学ではなく、組織変革のコンサルティングに取り組むようになります。

ピーター先生によると、企業には「組織の不文律」、つまり言語化されないルール（The unwritten rule of game）があり、それが組織変革を妨げています。ピーター先生は、独自の変革手法を編み出し、成果を上げ、同名の著書を出版して世界的なベストセラーになりました。

ピーター先生は、こうした実績でＡＤＬで最年少のジュニアパートナーに就任しました。ところが、あっさりその職を捨てて、自由な活動を求めてプロコンになりました。

私がピーター先生から教わったのは、この頃です。組織のこと、同性愛のこと、世界の未来のことを愉快に語る姿が印象的でした。ただ、常に腰をくねらせて笑いながら講義していたので、保守的なキリスト教徒の学生は、同性愛者のピーター先生を嫌悪していました。

２００５年にイギリス初の同性愛カップルになりましたが、同性愛者への差別と闘うピーター先生の挑戦は、生涯続きました。

ピーター先生は２０１７年に、全身の筋肉が動かなくなる難病ＡＬＳで医師から「余命２年」と宣告されたことを機に、ＡＩと融合し、サイボーグとして生きることを決意しました。世界にセンセーションを巻き起こした挑戦の最中、２０２２年に挑戦とチェンジの64年間の生涯を閉じました。

ピーター先生にとってコンサルタントという職業は、生涯の目標だったわけではありません。自分の存在価値を探し、自分らしく生きることを目指して模索する旅の中で出会った１つの活動スタイルが、プロコンでした。

私は21年前に石油会社を辞めたとき、大手ファームに転職しようか迷いましたが、ピーター先生のことを思い出し、独立開業しました。また、会社を作って営業マンを雇って活動しようか迷いましたが、ピーター先生のようにフリーな立場で活動したいと思い、個人事業主を選びました。

日本のコンサルタントは企業・社会の発展に役立っていない

当時ボストンでは、街のカルチャースクールにコンサルタント養成講座があり、会社員や主婦や商店主が、独立開業してプロコンとして活躍していました。

コンサルタントは、まったく特別な商売ではなく、身近なところに色々なタイプのコンサルタントがいて、困りごとがあったら誰でも気軽に相談していました。価値のあるサービスには、当然お金を払います。

翻って日本はどうでしょうか。当時も今も、アメリカとはずいぶん違った状況です。

大企業にとってコンサルティングは、「箔付けやお墨付きを得るために利用する贅沢なサービス」で、「まったく経営改革に役立っていない」「高すぎるだろ」と思いつつ、大手ファームに億単位のフィーを支払っています。

一方、中小企業・零細企業にとって経営診断は、「補助金が出るならやってみるか」「サービスはタダ」ということで、コンサルティングに自分の金を使いません。

また、日常的にコンサルタントと付き合うアメリカと違って、日本では「何か特別なことがあったら声をかける」ということで、利用機会が極めて限られています。日本では、コンサルタントの企業に対する影響力は限定的で、企業や社会の発展にほとんど役立っていません。

コンサルタントの供給については、学生が大企業に入社すると、グループ会社に転籍するか、別の大企業に転職するくらいで、限られた世界でビジネスライフを送ります。大手ファームに転職することはあっても、アメリカのようにプロコンになることは稀で、優秀な人材が大企業に死蔵（デッドストック化）しています。

最近、東大・京大といったトップ校では、外資系コンサルティングファームが就職先として一番人気です。就活生の間では「外コン」と呼ばれ、憧れの的になっています。

しかし、いくら高給だからといって、日本を代表する優秀な人材が、企業から「ありがたい」と思われていない、しかも本人にとって難易度が低いマニュアル仕事をしている（普通の人にとっては十分に難易度が高い仕事ですが）のは、やはり死蔵と言えるのではないでしょうか。職業の選択は個人の自由というものの、残念なことです。

04 プロコンという素晴らしい生き方

ただ、ここ数年、日本でも変化の兆しが現れています。

繰り返しますが、大企業が個人のプロコンを起用するようになっています。中堅・中小企業でも、「優れたコンサルタントと一緒に成長しよう」という意欲的な若手の経営者が現れています。診断士制度を所管する中小企業庁は、現在の延命措置中心の無料の公的支援を問題視しています。ある幹部は「個人的意見」として、「延命措置はもう十分にやった。成長・発展したいという意欲を持つ中小企業に診断士が有料のコンサルティングを提供する社会にしたい」と語っています。今後、中小企業政策が大きく変わるかもしれません。

岸田政権は、前政権からの働き方改革の流れを引き継いで、雇用流動化の促進に取り組んでいます。中高年でも再就職することが容易になり、独立開業し失敗しても、路頭にさまよう心配は小さくなりつつあります。

2018年から会社員の副業が解禁されました。エンジニアリング会社に勤務する青山雄一郎さんは、コンサルティンググループKnowledge Investment Group（KIG）を立ち上げ、約110人の企業内診断士等を組織して幅広く活動しています。

青山さんのように、中小企業の支援に取り組む企業内診断士が増えており、企業内診断士にとってコンサルティング活動が身近になっています。また、企業内診断士とプロコンの連携が始まり、アマチュアとプロの垣根が低くなっています。

（診断士とは関係ありませんが）最近、多くの大学が、社会・経済に大きなインパクトをもたらすスタートアップ企業を生み出すことを目指し、創業支援に力を入れています。これを受けて、学生の職業志向にも変化の兆しが出ています。

現在、東京大学4年の千葉駿介さんと寺澤滉士良さんは、2年生の時に受講したデータサイエンティスト講座で受講者約1000人のうち上位10人の「優秀生」に選ばれました。その東大の中でも極めて優秀な2人が共同で、2022年8月に生成AI専門のベンチャー企業、neoAIを創業しました。優秀な学生が一流企業への就職よりも起業に目を向けるようになっています。

このように、まだまだ局所的・萌芽的な動きではあるものの、日本も着実にボストンに近づこうとしています。

人生二毛作

前出の高原彦二郎さんは、「人生二毛作」と言います。

出光興産の創業者・出光佐三に心酔して出光興産に入社した高原さんは、出光佐三の生き方を見て「40歳までは自分のために働く、40歳になったら世の中のために働く」と考え、当てもなく独立開業しました。

高原さんが設立した会社の社名は、コンサルビューション（consulbution）。コンサルティング（consulting）と貢献（contribution）を組み合わせたもので、「コンサルティングによって世の中に貢献しよう！」ということです。

もし読者の皆さんが「俺には他人に自慢できる才能なんてないよ」ということなら、144〜145ページを参考に自分の比較優位を探してみてください。絶対優位はなくても、すべての人に比較優位があります。

もし1つだけ才能を持っていて、現在の仕事でそれを生かせていないなら、違った分野で生かしてみてはどうでしょう。生かせているなら、現在の仕事を続けることで結構ですが、世の中には皆さんの才能をもっともっと必要としている中小企業があることも一考してみてください。

もし読者の皆さんが2つ以上の才能を持っているなら、そのうちのいくつかを現在の仕事と違った分野で生かしてみてはどうでしょうか。副業でももちろん結構ですが、副業だとやはり活動が制約されます。独立開業すれば、より自由に活動することができます。

「コンサルティングによって世の中に貢献する」というと、「きれいごとを言うな」「世の中、そんなに甘くない」という反応が返ってきます。ただ、そういうきれいごとを実践しやすい、素晴らしい世の中になりつつあります。そしてすでに、きれいごとを実践して成功しているプロコンがたくさんいます。

コンサルタントとして独立開業することで、自分が持つ知識・スキルを幅広く活かすことができます。そして、企業や社会の成長・発展に貢献することができます。これは、会社勤務ではなかなか味わえない、素晴らしい生き方です。

本書で診断士の独立開業のリアルを知った読者の皆さんが、独立開業に挑戦し、素晴らしいビジネスライフを送られることを期待しています。

□ ホームページを作る

□ 公的支援や教育団体など希望する関係機関に応募する

□ コンサルティングソリューションや研修プログラムを作成する

□ 関係者・関係機関に営業する

□ **雑誌記事やビジネス書を執筆する**

□ 随時、能力・スキルを振り返り、学習する

□ 随時、活動を振り返り、ドメインや事業スタイルなどを軌道修正する

【生活面】

□ 家計単位で資産・負債を確認する
→ 貸借対照表を作成

□ ２年間無収入でも生活できる蓄えを作る

□ 家計単位で収入・支出を確認する → キャッシュフロー計算書を作成

□ 退職金・相続など将来の（事業以外の）収入を確認する

□ 将来のライフイベント（結婚・出産・住居取得など）とその支出を確認する

□ 無駄な借金や支出を減らし、家計をスリム化する

□ カード加入や住宅ローンなど独立開業後はやりにくくなることをやっておく

□ パートナーに独立開業の意向を伝え、同意を得る

□ 保険加入などでリスクに備える

□ **失業保険を申請する**

□ **小規模事業共済に加入する**

□ **家庭に仕事を持ち込まない**

□ 家族とのコミュニケーションに努める

□ 体力増強・体調維持に努める

独立開業のチェックリスト

【業務面・独立開業前】

太字の項目は
独立開業後も
実施します。

- □ これまでの業務経験を棚卸しする
- □ **現在の能力・スキルを棚卸しする**
- □ **研究会などに参加し、能力・スキルを高める**
- □ 現在の人脈を棚卸しする
- □ **研究会・受注グループなどに参加し、ネットワークを広げる**
- □ **転職支援会社などで自分の市場価値を確認する**
- □ **独立開業してやりたいこと、実現したいことを明確にする**
- □ **ターゲット市場の市場ニーズ・競合・法規制・関係機関などを分析する**
- □ **活動スタイルを決める（個人・グループ・カバン持ちなど）**
- □ 営業スタイルを決める（独自営業・エージェント活用など）
- □ 業務遂行に必要な資格・学位などを確認し、必要なら取得する
- □ **組織形態を決める（法人化するか、個人事業主か）**
- □ 事務所形態を決める（自宅事務所か、賃借か）
- □ 事務所運営に必要な投資・費用を見積る

【業務面・独立開業後】

太字の項目は開
業前に実施して
も良いです。

- □ **会社を設立する**
- □ 税務署に開業届を出す
- □ 取引金融機関を決めて、口座を開設する
- □ 事業資金を借りる
- □ **事務所を借りる、自宅を事務所用に整備する**
- □ 社員を募集し、採用する
- □ 税理士・弁護士など事業に必要な専門家と契約する
- □ 関係者に挨拶状を出す、訪問して挨拶する

〈著者紹介〉
日沖　健　（ひおき　たけし）

日沖コンサルティング事務所・代表
中小企業診断士、産業能率大学・講師、中小企業大学校・講師
慶応義塾大学・商学部卒、Arthur. D. Little 経営大学院修了
MBA with Distinction
日本石油（現 ENEOS）勤務を経て、2002 年から現職
中期経営計画・新規事業開発のコンサルティングや経営人材育成の研修を行う
HP：https://www.hioki-takeshi.com/

【主要著書】（中小企業診断士関係）

『コンサルタントを使って会社を変身させる法』（同友館）
『コンサルタントが役に立たない本当の理由』（中央経済社）
『独立する！中小企業診断士 開業のコツ 60』（中央経済社）
『プロの研修講師になる方法』（同友館）
『タイプ別 中小企業診断士のリアル』（税務経理協会）

失敗事例から学ぶ！
中小企業診断士の独立開業のリアル

2023年12月25日　初版発行

著　者　日沖健
発行者　大坪克行
発行所　株式会社 税務経理協会
〒161-0033東京都新宿区下落合1丁目1番3号
http://www.zeikei.co.jp
03-6304-0505
印　刷　美研プリンティング株式会社
製　本　牧製本印刷株式会社
デザイン　原宗男（カバー,イラスト）
編　集　野田ひとみ

本書についての
ご意見・ご感想はコチラ

http://www.zeikei.co.jp/contact/

ISBN 978-4-419-06966-7　C3034